Die Leser von Luis Sepúlveda kennen die große Leidenschaft dieses Autors: reisen, durch die Welt wandern, die Menschen beobachten und ihren Geschichten aufmerksam zuhören.

›Patagonien Express‹ lädt ein zu den Stationen einer Lebensreise, die in Chile ihren Anfang nimmt, dann unter Pinochet ins Exil nach Argentinien, Ecuador und Kolumbien führt, um in Europa, in einem andalusischen Dorf, endlich zu einer Art Heimkehr zu finden. Im Mittelpunkt aber steht die Erfahrung der einsamen Weiten Patagoniens, an dessen Horizont sich noch immer die Abenteuer verheißenden Silhouetten von Butch Cassidy und Sundance Kid abzeichnen.

Mit erfrischender Unmittelbarkeit erzählt Luis Sepúlveda von den Menschen, die ihm unterwegs begegneten. Da ist beispielsweise der alte Seevagabund Ladislao Eznaola, der auf seinem mit Amnesty-Wimpeln geschmückten Schiff die Küstenkanäle Patagoniens befährt, auf der Suche nach einem Geisterschiff – einer Südmeerversion des Fliegenden Holländers –, um die seit vierhundert Jahren Verbannten endlich zu erlösen. Oder Agustín, ein berühmter Barde, der seine zukünftige Frau einem Rivalen – buchstäblich in letzter Sekunde – vom Traualtar weg entführt, allein durch die überzeugende Darbietung seiner »canciones amorosas«. Da ist die Geschichte vom melancholischen Panchito und seinem Delphin und dann eine andere von einem verrückten Piloten und seinen waghalsigen Unternehmungen.

Komische, traurige, kuriose und merkwürdige Geschichten, die neugierig machen aufs Unterwegssein, die anstecken mit der Abenteuerlust ihres Erzählers und seiner Begabung, in der Welt zu sein, zu sehen und zu lieben.

Luis Sepúlveda, 1949 in Nordchile geboren, ging unter Pinochet ins Exil nach Ecuador, Peru und Kolumbien. Von 1980 bis 1997 lebte er in Deutschland, dann in Spanien. Im Fischer Taschenbuch Verlag erschienen seine beiden Romane ›Der Alte, der Liebesromane las‹ (Bd. 10932), ›Die Welt am Ende der Welt‹ (Bd. 11113) und das Kinderbuch ›Wie Kater Zorbas der kleinen Möwe das Fliegen beibrachte‹ (Bd. 85021).

Luis Sepúlveda

Patagonien Express

Notizen einer Reise

Aus dem chilenischen Spanisch
von Willi Zurbrüggen

Fischer Taschenbuch Verlag

Die Reiseroute, die Luis Sepúlveda
durch Patagonien führte,
läßt sich anhand der Landkarte auf Seite 128
detailliert nachvollziehen.

Deutsche Erstausgabe
Veröffentlicht im Fischer Taschenbuch Verlag GmbH,
Frankfurt am Main, Januar 1998

Gesamtherstellung: Clausen & Bosse, Leck
Printed in Germany
ISBN 3-596-13567-2

Inhalt

Notiz der Notiz

Im mexikanischen Haus von Mari Carmen und Paci Ignacio Taibo I steht ein riesiger Tisch, an dem vierundzwanzig Gäste Platz finden. Dort habe ich einmal einen Satz gehört, der einem Buch von Taibo I den Titel gibt: »... einzudämmen die Wasser des Vergessens«. Als ich das Buch später las, wuchs einerseits meine Zuneigung und Bewunderung für den asturianischen Schriftsteller, andererseits lernte ich, daß es wohl unvermeidbar ist, sich von bestimmten Texten zu trennen, so sehr man sie auch liebt und als wesentlichen Bestandteil der eigenen Intimität betrachtet.

Heute verabschiede ich mich von diesen Notizen, die mich auf einem langen Weg begleitet haben, die immer bei mir waren, um mich daran zu erinnern, daß ich so gut wie gar kein Recht habe, mich allein und niedergeschlagen zu fühlen oder die Flagge auf Halbmast zu setzen.

Die Notizen wurden an verschiedenen Orten und in unterschiedlichen Situationen aufgeschrieben. Ich habe nie gewußt, welchen Namen ich ihnen geben sollte, und ich weiß es noch heute nicht.

Irgend jemand sagte einmal zu mir, ich habe doch sicher viele Schubladentexte; ich wußte nicht, was er damit meinte, und bat um eine Erklärung.

»Schubladentexte. Diese Aufzeichnungen, die man macht, ohne zu wissen, warum und wozu«, half er mir.

Nein. Es sind keine Schubladentexte, denn das würde ja die Existenz einer Schublade voraussetzen, die sich gewöhnlich in einem Schreibtisch befindet, und ich habe gar keinen Schreibtisch. Ich habe keinen, und ich will auch keinen, denn ich schreibe auf einer dicken Holzplatte, die ich von einem alten Hamburger Bäcker geerbt habe.

Wir saßen eines Abends beim Skat, als der Bäcker uns mitteilte, seine Arthritis zwinge ihn, das Handtuch zu werfen und seine Bäkkerei zu schließen.

»Wie stellst du dir das vor, du alter Geizknochen?« fragte einer der freundlichen Skatbrüder.

»Da keiner von meinen Söhnen den Beruf fortführen will und meine Maschinen veraltet sind, soll meinetwegen alles zur Hölle gehen, und was noch einen Liebhaber findet, wird verschenkt«, antwortete der alte Jan Keller und lud uns daraufhin zu einem lustigen Kehraus in die Backstube ein.

Da bekam ich die dicke Holzplatte, auf der er fünfzig Jahre lang den Teig geknetet hatte und auf der ich meine Geschichten durchwalke. Ich liebe diese Holzplatte, die nach Hefe, Sesam, Ingwer, die nach dem edelsten aller Berufe riecht. Einen Schreibtisch? Wozu, zum Teufel, brauche ich einen Schreibtisch?

Diese Notizen, für die ich keinen Namen habe, lagen immer in einem Bücherregal, irgendwo, wo sie verstaubten; und manchmal, wenn ich alte Fotos oder Unterlagen suchte, fielen sie mir wieder in die Hände, und ich muß gestehen, daß ich sie dann voller Stolz und Zärtlichkeit las, denn diese vollgekritzelten oder stümperhaft getippten Seiten stellten einen Versuch dar, zwei wesentliche Themen zu verstehen, die Julio Cortázar benannt hat: den Sinn der menschlichen Existenz und den Sinn der künstlerischen Existenz.

Selbstverständlich findet sich eine Menge eigener Erfahrung in diesen Aufzeichnungen, doch niemand sollte darin eine Zauberformel gegen das Vergessen sehen, denn ich habe nicht vor, meine Lebenserinnerungen aufzuschreiben.

Ich verabschiede mich also von diesen Notizen, die zum Teil schon ihre Verstecke verlassen haben und in Anthologien, Zeitschriften und, vor kurzem in Italien, in einer gekürzten Fassung veröffentlicht worden sind.

Endlich sind sie in diesem Band versammelt, den Sie, meine Leser, dank der klugen und schwesterlichen Ratschläge von Beatriz de Moura in Händen halten. Ich habe ihn *Patagonien Express* genannt, als Hommage an eine Eisenbahn, die es zwar nicht mehr gibt, weil sich die Poesie in unseren Tagen als unrentabel erweist, die jedoch in der Erinnerung der Männer und Frauen Patagoniens noch immer fährt.

Ich lade Sie ein, mich auf einer Reise ohne festen Fahrplan zu begleiten, zusammen mit all den wunderbaren Menschen, die namentlich genannt werden und von denen ich so viel gelernt habe und immer noch lerne.

Lanzarote,
Kanarische Inseln,
August 1995

Erster Teil

Notizen einer Reise nach Nirgendwo

1

Die Fahrkarte nach Nirgendwo war ein Geschenk meines Großvaters.

Mein Großvater. Ein ungewöhnlicher und schrecklicher Mensch. Ich glaube, ich war gerade elf Jahre alt geworden, als er mir die Fahrkarte gab.

An einem Sommermorgen spazierten wir durch Santiago. Der Alte hatte mir sechs Limonaden und die gleiche Anzahl Eis spendiert, die alle in meinem Bauch schon recht flüssig geworden waren, und ich wußte, daß er nur auf meinen Hinweis wartete, ich müsse mal. Vielleicht sorgte er sich auch wirklich um meine Nieren, als er mich fragte:

»Was ist? Mußt du nicht pinkeln? Verdammt, Junge, bei den Mengen, die du getrunken hast . . .«

Meine übliche Antwort wäre normalerweise ein dramatisches Ja gewesen, die Beine dabei über Kreuz zusammengepreßt. Daraufhin hätte er den Stumpen, der stets zwischen seinen Lippen hing, aus dem Mund genommen, hätte geseufzt und in seinem mahnendsten Ton ausgerufen:

»Halt noch aus, mein Junge. Warte und halte aus, bis wir die passende Kirche finden.«

An jenem Morgen war ich jedoch entschlossen, mir lieber in die Hosen zu machen, als noch ein einziges Mal die Flüche irgendeines Priesters über mich ergehen zu lassen. Daß mein Großvater mich mit Eis und Limonade abfüllte und mich dann an Kirchentüren pinkeln ließ, betrieben wir seit dem Tag, an dem ich zum erstenmal mit ihm gegangen war und der Alte mich zu seinem Weggefährten gemacht hatte, zum kleinen Komplizen der bösen Streiche eines aufs Altenteil gesetzten Anarchisten.

Wie viele Kirchentüren hatte ich schon angepinkelt! Wie viele Priester und Betschwestern waren schimpfend über mich hergefallen!

»Du kleines Dreckschwein! Kannst du nicht zu Hause aufs Klo gehen?« war noch das Harmloseste, was ich zu hören bekam.

»Wie kannst du es wagen, meinen Enkel zu beleidigen; er ist ein freier Mensch! Du Parasit! Gewissensverderber! Abschaum!« warf Großvater ihnen an den Kopf, während ich mich bis auf den letzten Tropfen entleerte und mir schwor, am nächsten Sonntag auch nicht eine Papaya mehr anzunehmen, keine *Bilz*, keine *Orange-Crush* oder was immer er mir an Limonaden so überaus großzügig anzubieten pflegte.

An jenem Morgen blieb ich standhaft.

»Ja, Opa, ich muß. Aber ich will auf eine Toilette gehen.«

Der Alte zerbiß seinen Stumpen und spie ihn dann aus. Er knurrte »leckmicham...« und ging ein paar Schritte, doch dann kam er gleich wieder zurück und streichelte mir über den Kopf.

»Ist es wegen letzten Sonntag?« fragte er und zog eine neue Zigarre aus seiner Tasche.

»Ja, Opa. Dieser Priester wollte dich umbringen.«

»Diese Schweinehunde sind gefährlich, mein Junge. Aber was soll's, wenn es so ist, gehen wir zu stärkerem Tobak über.«

Am Sonntag davor hatte ich mein Wasser an der ehrwürdigen Tür von Sankt Markus gelassen. Die uralten Balken dienten mir nicht zum erstenmal als Wasserabschlag. Der Priester hatte aber offenbar schon auf der Lauer gelegen, denn er erwischte mich mitten im schönsten Strahl, als ich ihn unmöglich noch anhalten konnte. Er zerrte so lange an meinem Arm, bis ich mich zu meinem Großvater umgedreht hatte. Dann deutete er mit einem prophetischen Zeigefinger auf mein Gießkännchen und brüllte:

»Man sieht, daß er dein Enkel ist! Dasselbe mickrige Geschlecht!«

War das ein Sonntag! Ich pinkelte auf die Kirchenstufen und sah entsetzt mit an, wie mein Großvater seine Jacke von sich warf, die Ärmel aufkrempelte und den Priester zu einem Zweikampf herausforderte, den Ministranten und Gläubige zum Glück verhindern konnten, denn auch der Priester hatte schon angefangen, die Ärmel seiner Soutane aufzukrempeln.

Nachdem ich mich auf dem ehrwürdigen Pissoir einer Bar erleichtert hatte, entschied der Alte, den Rest des Vormittags verbringe man am besten im Asturischen Zentrum, wo besonders an Sonntagen der Bohneneintopf der Heimat und der *Cabrales* des republikanischen Exils zu Ehren kamen.

Für mich war der *Cabrales* ein ekelhafter stinkender Käseaufstrich, der nur diesen Tattergreisen mit den Baskenmützen schmekken konnte, die jeden Tag in das Haus meiner Großeltern kamen und stets mit derselben Frage auf den Lippen:

»Na? Ist der Schweinehund tot?«

Während ich mir einen Milchreis schmecken ließ, fragte ich mich, was der Alte wohl mit dem »stärkeren Tobak« gemeint hatte, und ich glaube, ich fing an zu zittern, als ich hinter seinen Worten obszöne Absichten erahnte. Meine Ängste verflüchtigten sich jedoch, als ich ihn mit anderen Gästen in den großen Salon gehen sah, den die schwarz-rote Fahne der CNT* schmückte. In diesem Salon standen die Bücher von Jules Verne, Emilio Salgari, Stevenson und Fenimore Cooper, aus denen meine Großmutter mir abends vorlas.

Ich sah ihn mit einem kleinformatigen Buch herauskommen. Er rief mich zu sich und las mir vor, was auf dem Buchrücken stand: Nikolai Ostrowskij *Wie der Stahl gehärtet wurde*.

»So, mein Junge, dieses Buch mußt du selber lesen; aber bevor ich es dir gebe, möchte ich, daß du mir zwei Dinge versprichst.«

»Was du willst, Opa.«

»Dieses Buch ist eine Einladung zu einer großen Reise. Versprich mir, daß du sie unternimmst.«

»Versprochen. Aber wohin soll ich denn reisen, Opa?«

»Wahrscheinlich nirgendwohin, aber ich versichere dir, es lohnt sich.«

»Und das zweite Versprechen?«

»Daß du eines Tages nach Martos fährst.«

»Martos? Wo liegt Martos?«

»Hier«, sagte er und klopfte sich gegen die Brust.

* Confederación Nacional del Trabajo

2

»Zwei Enden hat der Weg, und an beiden wartet man auf mich«, heißt es in einem bekannten chilenischen Lied. Das Vertrackte ist nur, daß diese beiden Enden nicht durch eine Gerade verbunden sind, sondern durch einen Weg voller Kurven, Steigungen, Unebenheiten und Verzweigungen, die unweigerlich ins Nirgendwo führen.

Durch die Lektüre von *Wie der Stahl gehärtet wurde* – eine langsame Lektüre voller Fragen – wurde ich zum erstenmal mit jener Region bekannt gemacht, in der die Träume Nirgendwo heißen. Wie alle jungen Leute, die Ostrowskijs Buch lasen, wollte auch ich Pavel Kortschagin sein, der leidende Held, der Komsomol-Genosse, dem kein Opfer zu groß ist und der sogar sein Leben aufs Spiel setzt, um ein vorbildlicher junger Proletarier zu sein. Ich träumte, ich sei Pavel Kortschagin, und um meinen Traum wahr werden zu lassen, wurde ich Mitglied bei den Jungkommunisten.

Zwar nahm mein Großvater den sonntäglichen Verlust seines Enkels zähneknirschend hin, aber sein Zorn auf den spanischen Übersetzer von *Wie der Stahl gehärtet wurde* hielt mehrere Monate an. Er hatte wohl gedacht, das Buch werde mich auf den Weg libertärer Gedanken bringen – ein erster Schritt auf meiner Reise nach Nirgendwo. Sein Ärger erlosch an jenem Tag, an dem ich ankündigte, wir, die Studenten, hätten uns zu einem Solidaritätsstreik mit den Zechenarbeitern entschlossen. Ich habe meinen Großvater nur einmal über den Durst trinken sehen, und das war der Tag, an dem der Streik begann. Vom Wein beschwipst, mußte er seine Tränen unterdrücken, als er vor sich hin brummelte:

»Mein Enkel im Streik, Caramba, das ist mein Blut.«

Mein Großvater. Ich weiß noch, wie ich ihn zwang, ein Exemplar von *Junge Leute,* die Zeitschrift der Jungkommunisten, zu lesen. Er ging die paar Blätter aufmerksam durch und kam zu dem Schluß, daß sie, obzwar von einer Bande Stalinisten herausgegeben, nicht das schlechteste Mittel waren, mich die wahre Ordnung zu lehren.

»Nicht die Ordnung des Staates, verdammt, sondern die natürliche, die der Brüderlichkeit unter den Menschen entspringt.«

Daß ich bei den Jungkommunisten war, machte meine Eltern überglücklich, denn ein junger Kommunist hatte in der Schule der Beste zu sein, der sportlichste, klügste und wohlerzogenste Junge, der auch zu Hause ein Vorbild an Verantwortlichkeit und Fleiß zu sein hatte. In jedem jungen Kommunisten keimte der solidarische Gemeinschaftsmensch der neuen Gesellschaft. Ich war also eine Art roter Mönch, asketisch und übelgelaunt. Unausstehlich, wie mir ein Mädchen, das nicht mit mir gehen wollte, Jahre später verriet, als ich sie nach ihren – für mich damals – unverständlichen Gründen fragte.

Wer länger als sechs Jahre bei den Jungkommunisten gewesen ist, hat die Fahrkarte nach Nirgendwo in der Tasche. Meine Jugendfreunde hatten alle feste Vorstellungen von ihrem weiteren Weg: Einige würden zum Studium in die Vereinigten Staaten fahren, andere nach Uruguay, wieder andere nach Europa, einige wollten arbeiten. Ich war als einziger entschlossen, meinen Kampfplatz nicht zu räumen.

Ich war achtzehn Jahre alt, als ich dem Beispiel Che Guevaras folgen wollte, dem universalsten Menschen, den Lateinamerika hervorgebracht hat. Und das hieß, von jetzt ab war ein Zuschlag auf die Fahrkarte nach Nirgendwo zu zahlen.

3

Solange die chilenische Diktatur dauerte, habe ich das Thema Gefängnis immer vermieden. Einerseits, weil mir das Dasein stets so erregend und lebenswert bis zum letzten Atemzug erschienen ist, so daß es mir höchst niederträchtig vorgekommen wäre, es durch die Thematisierung eines so obszönen Zwischenspiels zu entwerten. Andererseits sind schon viel zuviele – und bedauerlicherweise meist schlechte – Erlebnisberichte darüber geschrieben worden.

Zweieinhalb Jahre meiner Jugend habe ich in einem der elendesten chilenischen Gefängnisse verbracht, dem Gefängnis von Temuco.

Das Eingesperrtsein an sich war nicht das Schlimmste, denn drinnen ging das Leben weiter und war manchmal interessanter als draußen. Die KGs – die Kriegsgefangenen – mit höherer Bildung, und dazu gehörte der gesamte Lehrkörper aus den Universitäten des Südens, bildeten verschiedene Fakultäten, an denen viele von uns Sprachen, Mathematik, Quantenphysik, Universalgeschichte, Kunstgeschichte und Philosophie hörten. Ein Professor mit Namen Iriarte veranstaltete zwei Wochen lang ein großartiges Seminar über Keynes und die politischen Anschauungen aus der Sicht der modernen Wirtschaftswissenschaft, an dem außer einem guten Hundert Häftlingen auch mehrere Offiziere teilnahmen. Vor den staunenden Augen der Soldaten, die die von uns auf den Namen »Großer Saal des Athenäums von Temuco« getaufte Schusterwerkstatt bewachten, hielt der Journalist und Schriftsteller Andrés Müller eine Vorlesung über die taktischen Fehler der Kommunarden von Paris. Ein anderer berühmter KG, Genaro Avendaño – den man 1979 »verschwinden« ließ –, beeindruckte Häftlinge und Bewacher mit einer bühnenreifen Wiedergabe der Rede von Miguel de Unamuno in Salamanca.*

Wir besaßen sogar eine kleine Bibliothek mit Titeln, deren Lektüre in Chile strikt verboten war. Wir verdankten sie der ungewöhnlichen Zensur eines Unteroffiziers, der die von unseren Angehörigen und Freunden geschickten Bücher zu überprüfen hatte. Wir haben ihm nie vergessen, daß er *Die offenen Adern Lateinamerikas*, das Glanzstück unserer Bibliothek, als medizinische Fachliteratur katalogisierte. Wir hörten sogar Vorlesungen über die hohe Kunst des Kochens. Unvergeßlich, wie Julio Garcés, ehemaliger Koch des Clubs der Union, zugleich Mekka der chilenischen Aristokratie, sich voller Leidenschaft über die Verfeinerung durch Kaninchenfett als einer unersetzlichen Zutat bei der Zubereitung einer Soße erging, die aus der Leber dieses Tieres zubereitet wurde, und uns einzuhämmern versuchte, von welch fundamentaler Bedeutung es ist, eine Meeraalbrühe mit demselben Weißwein zuzubereiten, dem später bei Tisch zugesprochen

* Miguel de Unamuno (1864–1936), span. Schriftsteller. Professor für span. Sprache und Literatur an der Universität von Salamanca (1931–1934).

wurde. Jahre später traf ich Garcés in Belgien wieder. Er war Chefkoch eines angesehenen Restaurants in Brüssel, und er zeigte mir voller Stolz die beiden Diplome des Guide Michelin, die er für seine kulinarischen Künste bekommen hatte. Es waren zwei elegante Diplome, die die Ehrengarde für ein drittes abgaben, das mit Hand auf eine Heftseite geschrieben war: den Michelin von Temuco, den wir ihm für ein herrliches Soufflé aus Meeressehnsüchten verliehen hatten, das er mit Liebe, einer Dose Muscheln, Brotresten und aromatischen Kräutern zubereitet hatte, die wir in einem Blumentopf zogen und eifersüchtig hüteten, damit sie nicht von den Gefängniskatzen gefressen wurden.

Neunhundertzweiundvierzig Tage dauerte der Aufenthalt in diesem Land, das jedem und keinem gehörte. Hier zu sein, war nicht das Schlechteste, was uns passieren konnte. Es stellte eine weitere Möglichkeit dar, mit beiden Beinen im Leben zu stehen. Schlimm wurde es, wenn man uns – alle zwei Wochen ungefähr – ins Regiment Tucapel zum Verhör brachte. Dort begriffen wir, daß wir endgültig im Nirgendwo angekommen waren.

4

Die Militärs hatten eine gehobene Vorstellung von unseren subversiven Fähigkeiten. Sie befragten uns nach den Plänen zur Ermordung aller Offiziere der lateinamerikanischen Militärgeschichte, zur Sprengung von Brücken und Tunneln ebenso wie zur Vorbereitung einer Invasion durch einen schrecklichen Feind von außen, den sie nicht identifizieren konnten.

Temuco ist eine triste, graue, verregnete Stadt. Kein Mensch würde sie als Touristenziel empfehlen, und doch war das Regiment Tucapel letztlich so etwas wie eine ständige Tagung internationaler Sadisten. An den Verhören nahmen nicht nur die chilenischen Offiziere teil, die mehr schlecht als recht ihrer Gastgeberrolle nachkamen, sondern auch Gorillas der brasilianischen Abwehr – die waren die schlimmsten –, Nordamerikaner vom State Department, argentinische Geheimdienstler, italienische Neofaschisten und sogar ein paar Agenten des Mossad.

Wie könnte ich Rudi Weismann vergessen, den Chilenen, der den Süden und die Segelschiffe liebte, der gefoltert wurde und verhört im süßen Idiom der Synagogen! Rudi, der für Israel alles gegeben hätte – er hatte in einem Kibbuz gelebt, doch dann war die Sehnsucht nach Feuerland zu stark geworden, und er war nach Chile zurückgekehrt –, er konnte diese Infamie nicht verwinden. Er begriff einfach nicht, wie Israel diese Bande von Verbrechern unterstützen konnte. Und Rudi Weismann, stets der Inbegriff des heiteren Menschen, verdorrte wie eine Pflanze, die niemand mehr gießt. Eines Morgens fanden wir ihn tot in seinem Schlafsack. Der Ausdruck auf seinem Gesicht machte jede Autopsie überflüssig: Rudi Weismann war an Traurigkeit gestorben.

Der Kommandeur des Regiments Tucapel – wenn ich seinen Namen hier nicht erwähne, dann aus einer grundsätzlichen Hochachtung vor dem Papier – war ein fanatischer Bewunderer Marschall Rommels. War ihm ein Häftling sympathisch, lud er ihn ein, sich von den Verhören in seinem Büro zu erholen. Nachdem er ihm versichert hatte, daß alles, was im Regiment geschehe, den heiligsten Interessen des Vaterlandes diene, lud er den Unglücklichen auf ein Glas Korn ein – jemand schickte ihm diesen abscheulichen Weizenschnaps aus Deutschland – und nötigte ihn, sich seinen Vortrag über das Deutsche Afrikakorps anzuhören. Der Typ war zwar ein Sohn oder ein Enkel von Deutschen, hätte jedoch nicht chilenischer aussehen können: rundlich, kurzbeinig, mit dunklen widerspenstigen Haaren. Er hätte als Lastwagenfahrer oder als Obstverkäufer durchgehen können, aber wenn er von Rommel sprach, wurde er zur Karikatur eines SS-Wachhundes.

Am Ende seines Vortrags führte er jedesmal Rommels Selbstmord vor; er knallte die Hacken zusammen, legte die rechte Hand an die Mütze und salutierte vor einer unsichtbaren Flagge, summte *Adieu, geliebtes Vaterland* und tat, als schieße er sich eine Kugel in den Mund. Wir hatten die Hoffnung, daß er es eines Tages wirklich täte.

Es gab noch einen merkwürdigen Offizier im Regiment; einen Leutnant, der alles daransetzte, eine Homosexualität zu verbergen, die ihm aus allen Knopflöchern blickte. Die Soldaten hatten ihm den Spitznamen Margarito gegeben, und er wußte das.

Für uns KGs war deutlich zu sehen, daß Margarito darunter litt, seinen Körper nicht mit schönen Dingen schmücken zu können, so daß sich der arme Mensch mit den Parafernalien behalf, die die Dienstvorschrift ihm erlaubte. Er trug eine Pistole Kaliber '45 samt zwei Magazinen, einen Krummdolch der Spezialkommandos, zwei Handgranaten, eine Taschenlampe und ein Walkie-talkie, dazu seine Rangabzeichen und die silbernen Schwingen der Fallschirmspringer. Gefangene und Soldaten waren sich darüber einig, daß er wie ein wandelnder Weihnachtsbaum aussah.

Dieser Typ überraschte uns manchmal mit großzügigen und anscheinend selbstlosen Gesten – wir wußten nicht, daß das Stockholm-Syndrom militärische Perversion erzeugt – und füllte uns nach den Verhören plötzlich die Taschen mit Zigaretten und dem von uns so geliebten Aspirin Plus C. Eines Tages bat er mich in sein Zimmer.

»Sie sind also Literat«, sagte er und bot mir eine Dose Cola an.

»Ich habe ein paar Erzählungen geschrieben, das ist alles«, antwortete ich.

»Ich habe Sie nicht zum Verhör hierhergebeten. Es tut mir alles furchtbar leid, was hier passiert, aber es ist nun einmal Krieg. Ich möchte als Schriftsteller mit Ihnen sprechen. Da sind Sie überrascht? Auch die soldatische Zunft hat große Literaten hervorgebracht. Denken Sie nur an Don Alonso de Ercilla y Zúñiga, zum Beispiel.«

»Oder an Cervantes«, sagte ich.

Margarito rechnete sich zu den Großen. Das war sein Problem. Wenn er gelobhudelt werden wollte, das konnte er haben. Ich trank also meine Coca-Cola und dachte an Garcés, beziehungsweise an die Henne von Garcés; denn so unwahrscheinlich es klingt, der Koch hatte ein Huhn, das *Dulcinea* hieß.

Eines Vormittags war es über die Mauer geflattert, die die gemeinen Gefangenen von den KGs trennte, und wie es aussah, handelte es sich um ein Huhn mit festen politischen Überzeugungen, denn es beschloß, bei uns zu bleiben. Garcés nahm es in den Arm, streichelte es und sagte seufzend: »Hätte ich nur eine Fingerspitze voll Paprika und etwas Kümmel, ich würde euch eine Hühnerbrühe bereiten, wie ihr sie noch nie gegessen habt.«

»Ich möchte, daß Sie meine Poesie lesen und mir Ihre Meinung dazu sagen; Ihre aufrichtige Meinung«, sagte Margarito und übergab mir ein Schreibheft.

Ich verließ ihn, die Taschen angefüllt mit Zigaretten, Bonbons, Teebeutelchen und einer Dose Marmelade der U.S. Army. Damals begann ich an die Brüderlichkeit unter Schriftstellern zu glauben.

Auf dem Weg vom Gefängnis zum Regiment und wieder zurück wurden wir in einem Viehlaster transportiert. Die Soldaten achteten stets darauf, daß genügend Kuhscheiße auf der Ladefläche lag, bevor sie uns befahlen, mit dem Gesicht nach unten und im Nacken gefalteten Händen auf dem Boden zu liegen. Bewacht wurden wir von vier mit GAL-Gewehren bewaffneten Uniformierten, einer an jeder Ecke der Ladefläche. Sie kamen fast alle aus nördlichen Garnisonen, und in dem rauhen Klima des Südens waren sie ständig erkältet und übelster Laune. Sie hatten Befehl, bei der geringsten verdächtigen Bewegung auf die Bündel – das waren wir – zu schießen sowie auf jeden Zivilisten, der in die Nähe des Lastwagens kam. Mit der Zeit jedoch lockerte sich die Disziplin, und sie drückten beide Augen vor der Schachtel Zigaretten oder dem Stück Obst zu, das aus einem Fenster fiel, oder vor dem schönen mutigen Mädchen, das neben dem Lastwagen herlief, Handküsse hinaufwarf und rief: »Haltet durch, Genossen! Venceremos!«

Im Gefängnis erwartete uns dann jedesmal das Begrüßungskomitee, an seiner Spitze Doktor Pragnan, der »Dünne«, der heute ein angesehener Psychiater in Belgien ist. Zuerst untersuchte er jene, die nicht laufen konnten, und solche, die Herzbeschwerden hatten, danach jene, die einen Knochen verrenkt oder eine Rippe gebrochen hatten. Pragnan war Experte darin, genau zu erkennen, welches Quantum an Strom wir bei den Elektroschocks abbekommen hatten, und er konstatierte mit unerschütterlicher Ruhe, wer in den nächsten Stunden Flüssigkeit zu sich nehmen durfte und wer nicht. Dann kam die Stunde der Kommunion, in der wir unsere Aspirin Plus C und die gerinnungsfördernden Tabletten gegen innere Blutungen erhielten.

»*Dulcineas* Tage sind gezählt«, sagte ich zu Garcés und suchte mir dann ein stilles Eckchen, um in Margaritos Heft zu lesen.

Die mit einer zierlichen Handschrift beschriebenen Seiten troffen vor Liebe, Honig, delikaten Leiden und vergessenen Blumen. Ich brauchte keine drei Seiten zu lesen, um zu wissen, daß Margarito sich nicht einmal die Mühe machte, die Gedanken des mexikanischen Dichters Amado Nervo zu plagiieren; er hatte seine Gedichte einfach abgeschrieben.

Ich rief Peyuco Gálvez, einen Spanischlehrer, und las ihm ein paar der Gedichte vor.

»Was hältst du davon, Peyuco?«

»Amado Nervo. Das Buch heißt *Die inneren Gärten.*«

Da hatte ich mir was Schönes eingebrockt. Wenn Margarito herausbekam, daß ich das Werk Nervos, eines in der Tat etwas zuckrigen Dichters, kannte, war ich es und nicht Garcés' Huhn, dessen Tage gezählt waren. Der Fall war ernst, und so brachte ich ihn noch am Abend vor den Ältestenrat.

»Ist Margarito einsteckender oder reinsteckender Homo?« fragte Iriarte.

»Red keinen Quatsch!« rief ich. »Hier geht es um meine Haut.«

»Nein, ganz im Ernst. Vielleicht hat er romantische Absichten mit dir. Dir das Heft zu geben war möglicherweise dasselbe, wie ein Seidentüchlein fallen zu lassen. Und du Idiot hast es aufgehoben. Vielleicht hat er die Gedichte abgeschrieben, damit du eine Botschaft in ihnen findest. Ich habe Schwule gekannt, die sich ihre Jüngelchen mit Hermann Hesses *Demian* geangelt haben. Wenn Margarito ein Einsteckender ist, wirst du nicht sein Amado Nervo, sondern sein Amado Servo sein müssen. Und wenn er ein Reinsteckender ist, nun, ich habe mir sagen lassen, daß es weniger schmerzen soll als ein Tritt in die Eier.«

»Das mit der Botschaft ist Unsinn. Wenn der Kerl dir die Gedichte als seine eigenen verkauft hat, mußt du ihm sagen, daß sie dich schwer beeindruckt haben. Wenn er eine Botschaft loswerden wollte, hätte er das Heft Garcés geben müssen; er ist der einzige, der einen inneren Garten hat. Aber wahrscheinlich weiß Margarito gar nichts von der Topfpflanze«, meinte Andrés Müller.

»Bleiben wir ernst«, sagte Pragnan. »Irgendwas mußt du ihm

sagen, und Margarito darf nicht den geringsten Verdacht schöpfen, daß du Nervos Gedichte kennst.«

»Sag ihm, die Gedichte hätten dir gefallen, aber die Adjektive seien etwas zu stark. Zitiere Huidobro: ein Adjektiv, das nicht lebendig macht, tötet ab. Damit zeigst du ihm, daß du seine Gedichte aufmerksam gelesen hast und deine Einwände eine Kritik unter Kollegen sind«, schlug Gálvez vor.

Der Ältestenrat stimmte Gálvez' Idee zu, doch ich hatte zwei Wochen lang zittrige Knie. Ich konnte nicht schlafen. Ich sehnte mich nach der Sitzung mit Fußtritten und elektrischen Schlägen, damit ich das verdammte Heft endlich wieder loswerden konnte. Während dieser Zeit lernte ich den herzensguten Garcés hassen:

»Junge, wenn alles gutgeht und du außer Kümmel und Paprika auch noch ein Döschen Kapern mitbringen könntest, o Mann, dann werden wir ein richtiges Bankett mit dem Huhn veranstalten.«

Nach vierzehn Tagen lag ich endlich wieder mit dem Gesicht nach unten und mit im Nacken verschränkten Händen auf der Kuhmistmatratze. Ich dachte, ich müsse irre sein: Ich freute mich auf etwas, das Folter hieß.

Regiment Tucapel. Intendantur. Dahinter der immergrüne Ñielol, der heilige Berg der Mapuches. Vor dem Raum, in dem die Verhöre stattfanden, gab es ein Wartezimmer wie in einer Arztpraxis. Dort wurden wir mit auf dem Rücken gefesselten Händen auf eine Bank gesetzt, eine schwarze Kapuze über dem Kopf. Den Grund für die Kapuze habe ich nie herausgefunden, denn sobald wir drinnen waren, wurde sie uns abgenommen, und wir konnten die Verhörenden sehen, die jungen Soldaten, die mit Panik im Gesicht die Kurbel des Elektrogenerators drehten, und die Sanitäter, die uns Anus, Hoden, Zahnfleisch und Zunge mit Elektroden malträtierten und hinterher feststellten, ob einer bloß simulierte oder unter den Elektroschocks wirklich ohnmächtig geworden war.

Lagos, ein Diakon der Emmaus-Trapisten, war der erste, der an diesem Tag zum Verhör mußte. Seit ungefähr einem Jahr machten sie ihm die Hölle wegen ein paar Dutzend alter Militäruniformen heiß, die man im Keller der Trapisten gefunden hatte. Ein Händler mit militärischer Ausschußware hatte sie ihnen geschenkt. Lagos heulte vor Schmerz und wiederholte immer wieder, was die Soldatenmeute hören wollte: Die Uniformen gehörten einer Invasionsarmee, die sich anschickte, an den Küsten Chiles zu landen.

Ich wartete, daß ich an die Reihe kam, als mir die Kapuze vom Kopf gezogen wurde. Es war Leutnant Margarito.

»Folgen Sie mir«, befahl er.

Wir gingen in ein Büro. Auf dem Schreibtisch sah ich eine Dose Schokomilch und eine Stange Zigaretten, offensichtlich die Prämie für meine Kommentare zu seinem literarischen Werk.

»Haben Sie meine Poesie gelesen?« fragte er und deutete auf einen Stuhl.

Poesie! Margarito sprach von Poesie, nicht von Gedichten. Ein mit Pistolen und Granaten beladener Typ kann nicht Poesie sagen, ohne dabei lächerlich und tuntig zu wirken. In diesem Moment widerte er mich an, und ich beschloß, selbst wenn ich Blut pinkeln und fortan lispeln müßte, wenn ich Batterien durch meine bloße Berührung aufladen könnte, ich würde mich nicht dazu hergeben, einem schwulen Waffenfetischisten und Räuber fremder Talente Honig um den Bart zu schmieren.

»Sie haben eine schöne Handschrift, Leutnant. Aber Sie wissen, daß dies nicht Ihre Gedichte sind«, sagte ich und gab ihm das Heft zurück.

Ich sah, wie er bebte. Der Typ trug genug Waffen, um mich ein paarmal umzubringen, und wenn er sich nicht die Uniform schmutzig machen wollte, konnte er einem anderen befehlen, mich zu töten. Bebend vor Zorn stand er auf, fegte mit dem Arm alles, was auf dem Tisch stand, zu Boden und schrie:

»Drei Wochen in den Zuber, aber vorher gehst du noch zum Fußpfleger, du Scheißsubversiver!«

Der Fußpfleger war ein Zivilist, ein Großgrundbesitzer, der durch die Landreform um ein paar tausend Hektar Land erleichtert worden war und sich nun schadlos hielt, indem er als Freiwilliger bei den Verhören mitmachte. Er war Spezialist im Ausreißen von Fußnägeln, was schreckliche Infektionen zur Folge hatte.

Den Zuber kannte ich schon. Meine ersten sechs Monate im Gefängnis hatte ich in rigider Einzelhaft im Zuber verbracht; einem unterirdischen Verlies, das eineinhalb Meter in der Länge maß, genausoviel in der Breite und ebensoviel in der Höhe. Im Gefängnis von Temuco hatte es früher eine Gerberei gegeben, und der Zuber hatte zur Aufbewahrung von altem Fett gedient. Die Zementwände stanken immer noch nach Fett, doch nach einer Woche sorgten die eigenen Exkremente dafür, daß der Zuber ein sehr intimer Ort wurde.

Nur in der Diagonalen konnte man sich am Boden ausstrecken; aber die niedrigen Temperaturen des chilenischen Südens, das Regenwasser und der Urin der Soldaten ließen es ratsam erscheinen, die Arme um die angezogenen Knie zu schlingen, so hocken zu bleiben und sich zu wünschen, immer kleiner zu werden, bis man eine der herumschwimmenden Kotinseln bewohnen könnte, die den traumhaftesten Urlaub verhießen. Drei Wochen war ich dort, erzählte mir Dick-und-Doof-Filme nach, las aus der Erinnerung Wort für Wort die Romane von Salgari, Stevenson und London, spielte lange Schachpartien und leckte mir die Zehen, um sie vor Infektionen zu schützen. Im Zuber schwor ich mir, niemals im Leben Literaturkritiker zu werden.

5

An einem Tag im Juni des Jahres 1976 endete die Reise nach Nirgendwo. Dank der Eingaben von *Amnesty International* wurde ich aus der Haft entlassen und atmete, obwohl kahlgeschoren und mit zwanzig Kilo Untergewicht, aus vollen Lungen die satte Luft der Freiheit, die durch die Angst beschnitten wurde, sie neuerlich zu verlieren. Viele der Genossen, die drinnen blieben, wurden von den Militärs umgebracht. Mein einziger Stolz besteht darin, ihre Mörder niemals zu vergessen und ihnen nicht zu verzeihen. Ich habe viele schöne Revanchen in meinem Leben gehabt, doch keine gleicht der Freude, eine Flasche Wein aufzumachen, nachdem man erfahren hat, daß einer dieser Verbrecher auf offener Straße mit der Maschinenpistole niedergemäht worden ist. Dann hebe ich mein Glas und sage: »Ein Schweinehund weniger. Es lebe das Leben!«

Einigen meiner Kameraden, die überlebt haben, bin ich irgendwo in der Welt begegnet, andere habe ich nie wiedergesehen; aber alle haben einen Vorzugsplatz in meinen Erinnerungen.

Eines Tages, Ende 1985, traf ich in einer Bar in Valencia zufällig Gálvez. Er erzählte mir, daß er in Italien lebte, in Mailand, daß er die italienische Staatsangehörigkeit besaß und vier wunderschöne Töchter hatte, alle Italienerinnen. Nach einer langen und tränenfeuchten Umarmung setzten wir uns hin, um über alte Zeiten zu plaudern, und natürlich kam die Sprache auf das Huhn.

»Möge es in Frieden ruhen«, sagte Gálvez. »Ich war der letzte von den Alten, die freigelassen wurden, Ende '78, und ich habe das Tier mitgenommen. Bei mir zu Hause in Los Angeles ist eine glückliche fette Henne daraus geworden, die dann an Altersschwäche eingegangen ist. Ich habe sie im Garten begraben, und über ihrem Grab steht: ›Hier ruht *Dulcinea,* die Dame unmöglicher Ritter, Herrscherin in Nirgendwo.‹«

Zweiter Teil

Notizen einer Hinreise

1

Ich wußte, die Grenze war nah. Eine weitere Grenze, aber ich konnte sie nicht sehen. Nur ein Lichtreflex der Sonne auf einer Metallkonstruktion unterbrach die Eintönigkeit des andinen Abends. Dort endete La Quiaca und Argentinien. Auf der anderen Seite lag Villazón auf bolivianischem Hoheitsgebiet.

In etwas mehr als zwei Monaten hatte ich einen Weg zurückgelegt, der Santiago de Chile mit Buenos Aires verbindet, Montevideo mit Pelotas und São Paulo mit Santos, einem Hafen, in dem meine Chance, mich nach Afrika oder Europa einzuschiffen, endgültig zum Teufel ging.

Auf dem Flughafen von Santiago hatten die chilenischen Militärs meinen Reisepaß mit einem rätselhaften »L« abgestempelt. Lump? Luftikus? Linker? Lichtgestalt? Ich weiß nicht, ob das Wort Stinktier in irgendeiner Sprache mit »L« anfängt, jedenfalls rief mein Reisepaß immer nur Abscheu hervor, wenn ich ihn auf einem Schiff präsentierte.

»Nein, Chilenen mit einem Paß, in den ein ›L‹ gestempelt ist, wollen wir nicht.«

»Können Sie mir sagen, was zum Teufel das ›L‹ bedeutet?«

»Na, das wissen Sie doch wohl besser als ich. Guten Tag.«

Also gute Miene zum bösen Spiel. Ich hatte ja Zeit, alle Zeit der Welt; und so beschloß ich, mich in Panama einzuschiffen. Zwischen Santos und dem Kanal lagen an die viertausend Kilometer Landweg; ein Klacks für einen, der sich bewegen will.

Auf den Trittbrettern klappriger Autobusse, in Lastwagen und lustlos dahinkriechenden Zügen erreichte ich Asunción, die Stadt der lichten Trübseligkeit, durch die unablässig der trostlose Wind des Chaco fegt. Von Paraguay fuhr ich nach Argentinien zurück, und nachdem ich das unbekannte Land von Humahuaca durchquert hatte, kam ich nach La Quiaca, von wo aus ich nach La Paz weiterzufahren gedachte. Danach ... nun, das würde sich zeigen. Wichtig war nur, in diesen Zeiten der Furcht seinen Kurs zu halten, so wie die Schiffe auf hoher See sich durch ablandige Stürme manövrierten.

Die Zeiten der Angst verfolgten mich.

In jeder Stadt, in der ich anhielt, besuchte ich alte Bekannte oder machte Ansätze, neue Freundschaften zu schließen. Von wenigen Ausnahmen abgesehen, hinterließen mir alle den bitteren Einheitsgeschmack einer Angst, die das Tun dieser Menschen durchdrang und umhüllte. Die Angst wurde zu einem Labyrinth ohne Ausgang, war Gast bei jeder Mahlzeit und jedem Gespräch. Selbst die belanglosesten Dinge versahen diese Menschen mit einer schamlosen Vorsicht, und nachts schliefen sie nicht ein, um von besseren oder vergangenen Zeiten zu träumen, sondern um in den Sumpf einer schweren finsteren Angst einzutauchen; einer Angst der Leere, die sie morgens mit schwarzumränderten Augen und noch ängstlicher erwachen ließ.

Eine Nacht meiner Reise verbrachte ich in São Paulo, wollte lieben, wenn auch nur aus Verzweiflung. Es war ein Reinfall, und das einzige, was die Erinnerung lohnt, sind die Füße meiner Gefährtin, die nach den meinen tasteten, in einer aufrichtigen Sprache der Haut und des frühen Morgens.

»Das ist gründlich danebengegangen«, bemerkte ich, glaube ich.

»Das stimmt. Als wären wir beobachtet worden. Als hätten wir unsere Körper und unsere Zeit von der Angst ausgeliehen«, antwortete sie.

Die Füße. Jene nutzlosen Dickerchen liebkosten sich, während wir zusammen eine Zigarette rauchten.

»In einer anderen Zeit war es so leicht, das Land des Glücks zu erreichen. Es war auf keiner Karte verzeichnet, und doch kannte jeder den Weg. Es gab Einhörner und Wälder aus Marihuana. Wir wissen nicht mehr, wo die Grenze verläuft«, sagte sie.

Ich kam gegen Abend in La Quiaca an, und als ich aus dem Zug stieg, schlug mir die Kälte der Anden ins Gesicht. Ich wollte einen Pullover aus meinem Rucksack holen, doch ich verwarf den Gedanken und beschloß, lieber kräftig auszuschreiten, um warm zu werden. Ich trabte los und kam zu einem Fahrkartenhäuschen.

»Ich möchte morgen nach La Paz fahren. Können Sie mir sagen, wann der Zug abfährt?«

Der Fahrkartenverkäufer bereitete seinen Mate. In der Hand hielt er eine große Kürbisschale mit silbernen Beschlägen. Die Kräuter rochen gut. Ihnen entströmte jenes glückliche Aroma aus bitter und süß, und ich stellte mir vor, wie gut mir ein Mate bei dieser Kälte bekäme.

Der Fahrkartenverkäufer musterte mich, seine Augen wanderten über mein Gesicht, von Ohr zu Ohr und von der Stirn bis zum Kinn, dann begannen sie zu flackern und wandten sich ab. Es war die Angst; sein Blick glitt über die Fotografien der Gesuchten. Er lud mich nicht zu seinem Mate ein, und bevor er antwortete, stellte er die Kürbisschale zur Seite.

»Das mußt du die Bolivianer fragen. Die Grenze ist nur ein paar Schritte weiter, aber jetzt ist niemand da.« Der Mann sprach in dem Singsang der Leute aus Salta oder La Rioja.

In der Nähe des Bahnhofs lag ein schmuckloses Hotel, es glich all den anderen Hotels in bedeutungslosen Orten. Im Zimmer ein Bett mit Metallgestell, ein wackeliges Nachtschränkchen, ein Kerzenständer mit einem Kerzenrest, ein Spiegel, eine Waschschüssel aus Blech, eine Wasserkaraffe und ein steifer Lappen, der vorgab, ein Handtuch zu sein; dort öffnete ich meinen Rucksack und zog einen dicken Pullover an. Drinnen war es so kalt wie draußen, und das Bett war gut für eine Nacht. Die Laken wirkten übertrieben gestärkt und genauso bretthart wie das Handtuch, aber die Decken waren dick und aus Wolle. Ich erinnerte mich, daß mir jemand – aber wer, zum Teufel? – gesagt hatte, die Kälte sei der beste Verbündete der Hygiene in den Hotels.

Ich verließ das Hotel, um mir La Quiaca anzusehen, und wanderte durch stille verlassene Straßen an Lehmhäusern vorbei, die mit zunehmender Dunkelheit den Bergen ringsum immer ähnlicher wurden. An einer Straßenecke fand ich ein offenes Restaurant. Der Duft von gegrilltem Fleisch ließ meine Eingeweide knurren, und ich setzte mich an einen mit Packpapier bedeckten Tisch.

»Wir haben nur Rindernacken«, sagte der Kellner. Er war ein

kleiner Mann mit breiten Schultern, kurzen Beinen und hartem Haar wie eine Bürste, das sein totemisches Gesicht umrahmte. Beim Sprechen schleifte er das »s«, als spreche er mit zusammengebissenen Zähnen.

Das Fleisch schmeckte köstlich. Schnitt man hinein, troff das Fett heraus, und es war ein Vergnügen, das Brot hineinzutunken. Der Wein schmeckte ein bißchen bitter, wirkte aber belebend.

Nach dem Essen bestellte ich einen Zuckerrohrschnaps und bedankte mich mit einem formidablen Rülpser. Da sah ich den Alten.

Er trug eine abgewetzte braune Lederjacke. Er kam herein und legte seine Arbeitshandschuhe und eine Taschenlampe aus Blech auf den Tisch.

Der Alte hörte dem Kellner nickend zu, und als er seine Karaffe Wein erhielt, trank er mit geschlossenen Augen einen großen Schluck, ganz zufrieden wie einer, der einen harten Tag hinter sich hat. Ich ging zu ihm.

»Entschuldigen Sie, mein Herr, sind Sie vielleicht Bahnangestellter?«

»Ja und nein«, antwortete er.

Ich fühlte mich von seiner Antwort zunächst übertölpelt, sah dann aber, daß er mir einen Stuhl anbot.

»Ja, was die Eisenbahn angeht. Nein, was den Angestellten betrifft. Ich bin Arbeiter.«

»Verstehe. Entschuldigen Sie.«

»Und du? Chilene?«

»Sieht ganz so aus.«

»Willst du was essen?«

Ich dankte ihm und sagte, ich habe schon gegessen, und fragte ihn nach der Abfahrtszeit des Zuges nach La Paz. In diesem Moment kam das Fleisch. Die Augen des Alten glänzten, und er wischte mit der Serviette Messer und Gabel ab.

»Guten Appetit.«

»Danke. Willst du einen Wein?«

Ohne meine Antwort abzuwarten, schnipste er mit den Fingern und bestellte ein weiteres Glas. Er steckte den ersten Bissen Fleisch in den Mund und verfiel in einen träumerischen Zustand.

»Das Beste am Rind ist das Nackenstück. Ein wirklich edles Tier! Rundherum voller Steaks; doch das Nackenstück ist das beste.«

»Ganz Ihrer Meinung. Zum Wohl.«

»Zum Wohl. Weißt du, was hier im Norden fehlt? Zwergholunder. Das fehlt hier. Dem Vers seinen Reim und dem Nackenstück seinen Chimichurri.«

»Vollkommen einverstanden.«

Der Alte kaute mit makrobiotischer Disziplin. Ein paar Safttropfen versuchten seinen Mundwinkeln zu entkommen, doch die Zunge handelte schnell und unbarmherzig. Nachdem er das Fleisch mit Bedacht durchgekaut hatte, spülte er die Klumpen mit reichlich Wein hinunter. »Nach La Paz willst du also. Dann nimm dich auf der Hochebene in acht. Wenn dir übel wird, iß Zwiebeln. Immer Zwiebeln auf die Maschine. Nach La Paz, eh? Der Zug fährt zwischen acht Uhr morgens und zwölf Uhr mittags; er ist kein Vorbild an Pünktlichkeit, will ich mal sagen. Hast du eine Fahrkarte?«

Er sah mich beim Sprechen nicht an. Seine ganze Aufmerksamkeit war, bis der Teller blank war, auf das Stück Fleisch gerichtet, das sein Leben in einer delikaten Soße aushauchte.

»Nein, bis jetzt noch nicht«, sagte ich und wollte mich gerade verabschieden, als der Alte eine weitere Karaffe Wein bestellte.

»Entschuldige die Unhöflichkeit, aber ich hatte einen Hunger ... Seit über zwölf Stunden nichts zu beißen. Stell dir das vor.«

»Sie brauchen sich nicht zu entschuldigen.«

»Du hast also keine Fahrkarte. Dann mußt du früh an der Grenze sein. Die Soldaten öffnen sie um sieben, und dann wartet da schon eine Schlange von Menschen.«

»Ich will versuchen, unter den ersten zu sein.«

»Prima, aber das reicht noch nicht. Die Bolivianer werden dir sagen, daß alles besetzt ist und daß es keine Plätze mehr gibt. Genau das werden die Dreckskerle dir sagen. Und weißt du, was du tun mußt? Reiche einen Geldschein rüber, einen runden Fünfziger. Verstehst du, was ich meine?«

»Verstehe. Danke für den Tip.«

In den Blick des Alten trat ein schelmischer Ausdruck. Er zog eine lange Silbernadel aus dem Revers seiner Jacke und stocherte damit in den Zähnen herum.

»So, so, Chilene bist du also.«

»Irgendwo muß man ja zur Welt kommen.«

»Bei euch steht die Sache auch nicht gut, was?«

»Die Sache.« Wenn ich etwas hasse, dann sind es Fragen, die sich von selbst beantworten. Und in diesen Zeiten der Furcht von der Sache zu sprechen war nicht besonders empfehlenswert.

»Wie überall, nehme ich an.«

»Du hast recht. Die Welt ist verrottet.«

Es war auch nicht ratsam, mit einem Unbekannten über das verrottete Universum zu philosophieren. Ich machte Anstalten aufzustehen, doch der Alte legte seine Hand auf meinen Arm.

»Weißt du, wie's aussieht, Chilene?«

»Nein. Wie sieht's denn aus?«

»Ich habe noch Hunger. So sieht's aus. Was hältst du davon, wenn ich noch ein Nackenstück bestelle, und du übernimmst die Hälfte?«

Da dachte ich an diese verdammte Zeit der Angst, an meine bisherige Reise, auf der ich meistens allein und in Hast gegessen hatte, und mir kam der Gedanke, noch ein paar Stunden an diesem Tisch auszuharren könnte auch eine Art von Widerstand ein.

»Einverstanden. Aber der Wein geht auf mich.«

»Prima!« rief der Alte und reichte mir die Hand.

Wir aßen. Wir tranken. Wir sprachen von einem vielversprechenden jungen Fußballer, einem gewissen Maradona, der genauso virtuos mit dem Ball umging wie Chamaco Valdés, wir verglichen Oscar Ringo Bonavenas Fäuste mit denen von Martín Vargas, wir waren beide der Meinung, daß niemand gefühlvoller als Carlitos sang, doch wenn es um die Stimmkraft ging – mit Julio Sosa, dem Mannsbild unter den Tangosängern, konnte sich niemand vergleichen. Der mit Packpapier bedeckte Tisch wurde für einen Argentinier und einen Chilenen, an einem Abend irgendwo in Lateinamerika, zur Bühne eines brüderlichen Fests. Die Zeiten der Angst blieben draußen vor der Tür, und ein unsichtbarer, unerbittlicher Türwächter sorgte dafür, daß sie als unerwünschte Gäste keinen Einlaß fanden.

Als wir unser Essen beendet hatten, erinnerte mich der alte Mann daran, daß ich frühzeitig an der Grenze sein müsse; dabei schloß er die linke Faust, streckte den Zeigefinger aus und deutete auf einen Punkt am Himmel oder hinter seinem Rücken.

»Sie ist ganz nah. Die Grenze beginnt mit dem Zug«, sagte er.

Das Hotelbett war eisig kalt, beinah feucht, und ich brauchte eine Weile, bis mir warm wurde. Ich spürte die Müdigkeit von der Reise und die fünf Karaffen Wein, die ich mit dem Eisenbahner geleert hatte. Ich wollte schlafen, hatte aber Angst, den Zug zu verpassen. Die Vorstellung, noch einen Tag länger in La Quiaca bleiben zu müssen, behagte mir gar nicht. Zum Glück hatte ich genügend Zigaretten, und der Tabak half mir, die Nacht zu verkürzen.

Der Tagesanbruch kam übergangslos, als habe eine mächtige Hand mit einem Ruck den Schattenvorhang zur Seite gerissen, und eine Helligkeit, die in den Augen schmerzte, ergoß sich durch das Fenster in den Raum. Ich sah auf die Uhr; es war sieben Uhr morgens. Eine gute Zeit, um sich auf den Weg zur Grenze zu machen.

Kurz darauf stand ich vor der seltsamen Konstruktion, die ich schon am Vortag gesehen hatte: eine eiserne Brücke.

Am einen Ende ein befestigtes Wachhäuschen in den Farben der argentinischen Flagge. Am anderen Ende ein befestigtes Wachhäuschen in den bolivianischen Farben. Unter der Brücke floß kein Fluß, nichts.

Kurz nach sieben öffneten ein paar verschlafene argentinische Gendarmen die Grenze. Viele Leute waren zusammengekommen – Frauen, Männer, Kinder mit undurchdringlichen Gesichtern –, die sich in ihrem zischenden Aymara unterhielten, wobei die Cocakugeln ihre Wangen wölbten. Sie waren mit Koffern und Bündeln beladen, trugen Büschel aus Kräutern, Früchten und Gemüsen, Hühner, die mit dem Kopf nach unten hingen, die Augen ins Weiße verdreht, die Flügel unbeholfen ausgestreckt, Küchengerätschaften und andere undefinierbare Gegenstände. Am Ende der Brücke auf der gegenüberliegenden Seite wartete gleichfalls eine Menschenmenge, und ich dachte an die Worte des Eisenbahners, als ich sah, daß die Gleise in der Nähe des bolivianischen Wachhäuschens begannen.

Die argentinischen Gendarmen sahen meinen Paß an, verglichen das Foto mit denen auf der Liste der Gesuchten und gaben ihn mir wortlos zurück. Ich ging über die Brücke. Lebe wohl, Argentinien. Guten Morgen, Bolivien.

Die Bolivianer wiederholten das Ritual, doch diesmal mit Fragen, die ein Soldat mir stellte:

»Wohin reisen Sie?«

»Nach La Paz.«

»Haben Sie eine Fahrkarte?«

»Nein. Darum bin ich so früh gekommen.«

»Wie lange bleiben Sie in Bolivien? Haben Sie eine Adresse in La Paz?«

»Nein. Von dort aus fahre ich weiter.«

»Wohin?«

Wohin? Ich zögerte. Ich dachte an den kleinen Schüleratlas von Südamerika, den ich in meinem Rucksack trug. Ein Atlas voller klingender Namen, und ich hätte Lima, Guayaquil, Bogotá, Cartagena, Paramaribo, Belem sagen können, doch das einzige Wort, das über meine Lippen kam, war eines, das ich von meinem Großvater gehört hatte.

»Nach Martos ..., in Spanien.«

Der Soldat ließ mich durchgehen, aber ich spürte seinen haßerfüllten Blick in meinem Rücken. Es war der Blick eines zornigen Gottes. Augen aus schwarzem Feuer in einem steinernen Gesicht.

In der Station von Villazón befolgte ich den Rat des Eisenbahners, und der sorgfältig gefaltete Fünzigpesoschein verwandelte die Weigerungen des Fahrkartenbeamten in ein Lamento über jene Leute, die ihre Billets immer erst im allerletzten Moment kaufen müssen. Der Bahnhof von Villazón war kleiner als der von La Quiaca. Seine beiden Bahnsteige aus Zement waren peinlich sauber.

»Der Zug kommt zwischen acht und zehn, füllt sich von zehn bis zwölf und fährt ab, wenn er voll ist«, informierte mich der Mann am Fahrkartenschalter.

Mir blieb noch Zeit, alles in Ruhe anzusehen. Bei einer Händlerin kaufte ich zwei Empanadas und eine Tasse Kaffee. Ich setzte mich auf meinen Rucksack und sah zu, wie die Bahnstation sich in einen fröhlichen Markt für Gemüse, Früchte, alle möglichen Gerätschaften und Haustiere verwandelte. Vergnügt nahm ich diese unbekannte Wirklichkeit in mich auf.

Um acht Uhr brannte die Sonne schon heiß. Die gekalkten Wände ringsum verstärkten die blendende Helligkeit. Ich putzte gerade meine Sonnenbrillengläser, als ich eine bekannte Stimme vernahm; die Stimme des alten Eisenbahners.

»Verdufte, Chilene, verdufte.«

Ich blickte mich um. Der Alte ging an mir vorüber, ohne mich anzusehen, quetschte jedoch zwischen zusammengebissenen Zähnen hervor: »Verdufte, Chilene, verdufte, bevor sie dich packen.«

Die Andensonne ließ die Zeit stillstehen, die Erde in ihrer Drehung, sie stoppte das launische Kreisen des Universums. Kein Wölkchen zog über den Himmel, kein Vogel flog davon, doch plötzlich, als hätten sie ein geheimes Signal vernommen, das Echo einer warnenden Trompete, die seit Jahrhunderten in der Einsamkeit der Berge erklang, packten die totemischen Gestalten ihre Waren zusammen, und der unbeschreibliche Atem der Angst wehte über die Gleise, fegte den fröhlichen Markt hinweg.

Als ich hinüber zur Grenze schaute, dorthin, wo die Gleise begannen, sah ich eine Abteilung Soldaten, die von einem Lastwagen stieg. Den Befehlen eines Offiziers Folge leistend, kamen sie in Fächerformation heran, bereit, jeden Hinterhalt abzuwehren. Und ich saß ganz allein auf meinem Rucksack.

In diesem Augenblick vernahm ich den Pfiff, der meinen Blick in die entgegengesetzte Richtung zwang, und ich sah die alte Diesellok in den Bahnhof einfahren. Ein großes grünes Tier mit einer gelben Narbe auf dem Bauch, das schnaufend wie ein alter Drachen seine Waggons zog. Ich sah die grauen Wagen vorbeiziehen wie eine Prozession trauriger Fische, auf deren Kiemen die Worte *La Paz* geschrieben standen.

Die Lokomotive hielt, als sie die Brücke erreichte, denn, wie der Eisenbahner gesagt hatte, die Grenze begann mit dem Zug. Dann stießen sie mich gegen eine Mauer, und dort stand ich mit weit gespreizten Beinen, die Handflächen gegen den Kalk der Wand gedrückt, während behandschuhte Hände meinen Rucksack ausleerten, Bücher, Fotos und andere den Zeiten der Angst trotzende Erinnerungsstücke mit Füßen traten, bis man mich mit Kolbenhieben zu Boden zwang, wo ich mit dem Gesicht nach unten und im Nacken gefalteten Händen liegenbleiben mußte.

Etwa zwei Stunden vergingen, bis die Soldaten neuer Beute habhaft wurden und einen weiteren Rucksackträger neben mich legten. Es handelte sich um einen argentinischen Hare-Krishna-Jünger, dem die Sonne auf den kahlgeschorenen Kopf schien und dessen Körper in die wunderliche orangefarbene Robe gehüllt war. Er hörte nicht auf, den Soldaten ewigen Frieden zu wünschen.

»Was ist hier los, Bruder?« fragte er flüsternd.

»Halt den Mund, sonst schließen sie ihn dir.«

»Aber was haben wir denn getan, Bruder?«

»Vielleicht ein Einzelkind Bruder genannt.«

Die Stunden verrannen, und die Krämpfe waren nicht mehr so schmerzhaft. Was blieb, war der Wunsch zu rauchen. Aus meiner Perspektive, der eines gedemütigten Reptils, sah ich die Räder des Zuges, die hastenden Füße der Reisenden, die Bündel und Koffer, die plötzlich ihre Schwerkraft zu verlieren schienen und sich in die Luft erhoben. Als nach dem letzten Pfiff die Räder sich in Bewegung setzten, hatte ich das Gefühl, als entführten sie mir meine letzte Chance, die Zeiten der Angst hinter mir zu lassen, deren Gefangener ich von nun an vielleicht für immer war.

»Ich habe ihnen die Wahrheit gesagt, nur die Wahrheit«, jammerte der Hare Krishna.

»Ich auch. Es gibt Menschen, die glauben an nichts.«

»Ich habe ihnen gesagt, daß ich von La Paz nach Kalkutta fliege. Ich habe ihnen das Ticket gezeigt, die Papiere, alles.«

»Wie ich schon sagte: es gibt Leute, die glauben an nichts.«

»Ich suche die Erleuchtung. Dies ist eine Prüfung, Bruder.«

»Nun mach mal halblang.«

»Die Erleuchtung wartet in Kalkutta, Bruder.«

Um fünf Uhr nachmittags erlaubte man uns aufzustehen. Die von der Sonne verbrannte Haut auf unseren Armen und am Hals warf Blasen. Nach rasch erledigten Formalitäten nahm man uns Bargeld und Uhren ab, und wir wurden als unerwünschte Personen aus Bolivien ausgewiesen.

Am anderen Ende der Brücke wartete der alte Eisenbahner auf uns, in den Händen eine Karaffe Wasser und einen Topf Salbe gegen die Verbrennungen.

»Ihr habt noch Glück gehabt, Jungs. Die Kerle hätten euch auch ins Loch stecken können, und dann, adiós geliebte Pampa. Glück habt ihr gehabt.«

»Ich werde nach Kalkutta kommen«, versicherte der Hare-Krishna-Jünger.

Ich zweifelte nicht daran, und während ich mit dem Alten davonging, wünschte ich, daß es ihm recht bald gelingen möge, denn wenn dieser kahlgeschorene, in orangefarbenen Fummeln steckende Rucksackmann Kalkutta erreichte, würde wenigstens einer unter Tausenden seine verlorene Grenze wiederfinden; jene, die uns den Eintritt in das Land des Glücks ermöglicht.

2

Ab 1973 verließen über eine Million Chilenen ihr krankes, schmales, langes Land. Einige von ihnen wurden ins Exil geschickt, andere trieb die Angst in ein namenloses Elend, andere wiederum wollten einfach ihr Glück im Norden versuchen. Diese letzteren kannten nur ein Ziel: die Vereinigten Staaten.

Die meisten von ihnen tauschten ihr geringes Hab und Gut gegen einen Busfahrschein nach Guayaquil oder Quito ein. Sie glaubten, wenn sie dort erst einmal angekommen wären, seien es nur noch ein paar Schritte und sie befänden sich bereits im Norden, im gelobten Land.

Nach mehrtägiger Fahrt stiegen sie verkrampft, schwitzend und hungrig aus den Bussen, und nach den ersten Erkundigungen, wie die Reise weitergehen sollte, stellten sie fest, daß Südamerika riesengroß ist und die panamerikanische Straße spurlos im kolumbianischen Dschungel verschwindet. Wie auf Grund gelaufene Schiffe saßen sie zwischen zwei Kontinenten fest, ohne Gegenwart und ohne Zukunft.

Der Pianist des *Ali Khan* war einer von ihnen. Ein hagerer, hochgewachsener Mensch, weiß wie eine Kerze. Seine geröteten Augen und die gelben, auf der Unterlippe aufliegenden Zähne gaben ihm das Aussehen eines traurigen Kaninchens.

Ihm kamen stets die Tränen, wenn er an Valparaiso dachte, an die Zeit, als er im Orchester der *American Bar* spielte, dem traditionellen Treff der Boheme jener Hafenstadt, die die Militärs von der Landkarte radierten, indem sie eine Ausgangssperre verhängten, die dreizehn Jahre dauern sollte.

»Das war ein richtig vornehmer Laden. Die Mädchen dort waren keine Nutten, sondern *Misses*. Und die Seeleute gaben den Musikern großzügige Trinkgelder, nicht wie in diesem Schweinestall«, klagte er und verfluchte gleich darauf, daß er in Puerto Bolívar geendet war (denn in diesem Ort landete man nicht, da endete man).

Puerto Bolívar liegt an der Pazifikküste, ganz in der Nähe von Machala, südlich von Guayaquil. Die Gegenwart des Meeres ist spürbar in der Brise, die manchmal den feuchtheißen Dunst vertreibt, der aus dem Inland kommt. Man kann das Meer sehen und hören, aber man kann es nicht riechen.

Von Puerto Bolívar aus werden Ecuadors Bananen in die ganze Welt verschifft. Etwa fünf Kilometer abseits der Mole öffnet sich eine Grube von der Größe eines Fußballplatzes und nicht auszulotender Tiefe. Dort werden tonnenweise Bananen hineingeschüttet, die für den Export unbrauchbar sind, sei es, daß sie zu früh gereift sind, sei es, daß sie verdächtige Flecken durch Parasiten aufweisen, oder weil der Plantagenbesitzer oder der Transportunternehmer vergessen hat, irgendeine Steuer zu bezahlen, die die Mafia des Geschäfts festgelegt hat. Die Stelle wird die Sudpfanne genannt, und in ihr brodelt es unablässig. Tausende von Tonnen beständig faulender Früchte bilden einen zähen, ekelhaft stinkenden, Blasen werfenden Teig. Alles Überflüssige landet in der Sudpfanne, und dieser ungeheure Brei nährt sich nicht von pflanzlicher Materie allein: Auch die Gegner einflußreicher Politiker verfaulen darin, mehrere Unzen Blei im Körper oder von Macheten zerhackt. Die Sudpfanne brodelt ohne Unterlaß. Sie stinkt dermaßen bestialisch, daß sie den Geruch des Meeres vertreibt und nicht einmal die Geier in ihre Nähe kommen.

»Hau ab! Hau ab, bevor dich der verfluchte Gestank um den Verstand bringt und du hier bei lebendigem Leib verfaulst, so wie ich«, sagte mir der Pianist jedesmal, wenn wir uns begegneten.

Ich war nach Machala gekommen, weil ich Ecuador möglichst

bald verlassen wollte, und die einzige Möglichkeit, eine Reise zu beschleunigen, ist die, vor keiner Arbeit zurückzuschrecken. Darum hatte ich einen Halbjahresvertrag mit der Universität von Machala unterschrieben, in dem ich mich verpflichtete, einer Handvoll Studenten das soziologische Geflecht innerhalb der Kommunikationsmedien zu erklären. Kaum angekommen, wäre ich am liebsten wieder gegangen, aber ich hatte keinen Peso mehr in der Tasche, und bezahlt wurde ich erst nach Ablauf des Vertrages. Einer ausgesprochen tropischen Bürokratie war es zu verdanken, daß die auswärtigen Lehrer erst am Ende des Semesters bezahlt wurden; und das auch nur dank der Hilfe eines Rechtspflegers, der die Hälfte des Geldes für sich behielt.

Um mit dem bißchen Geld, das wir nicht besaßen, zu haushalten, hatten wir – eine Gruppe von Lehrern, die sich untereinander mit »Licenciado« anredete und aus einem Uruguayer, einem Argentinier, zwei Chilenen, einem Kanadier und einem Mann aus Quito bestand, der die Tropen aus ganzem Herzen haßte – ein großes hellgrün gestrichenes Zimmer unter einem Wellblechdach und mit Blick auf den Urwald gemietet. Dort haben wir sechs Hängematten aufgehängt, in denen wir nachmittags lagen und rauchten, von unseren Plänen erzählten, für den Fall, daß wir unser Geld bekommen würden, kistenweise Bier tranken und auf die Flügelblätter des Ventilators starrten, die sich nutzlos über unseren Köpfen drehten.

In Machala gab es nicht viel zu sehen und noch weniger zu unternehmen. Der Priester, der mit der Zensur der Filme beauftragt war, die in einem Freilichtkino gezeigt wurden, zeichnete sich nicht gerade durch seinen guten Geschmack aus, und so blieb uns, um die vom Gestank der Sudpfanne durchdrungene Hitze der Nacht zu ertragen, nichts anderes übrig, als uns in dem Casino und in den Bordellen von Puerto Bolívar herumzutreiben. Ins Casino gingen wir der *air-condition* wegen und weil dort immer irgendeiner unserer Schüler anzutreffen war, der in wenigen Minuten so viel Geld verlor, wie wir in einem Semester schweißtreibender Arbeit verdienten.

»Eine Runde für die *teachers*«, orderte der Schüler, ohne den Blick von der rollenden Kugel zu nehmen.

Wir dankten und wünschten ihm Glück.

Die Bordelle besuchten wir mit Vergnügen, besonders das *Ali Khan*, einen riesigen, mit Wellblech gedeckten Bretterschuppen, den Doña Evarista führte, eine fette Chilenin um die Sechzig, die sich an unseren Schultern ausschwitzte und -weinte, wenn die Sehnsucht nach Santiago oder Buenos Aires sie überfiel, den Städten, in denen sie sich in ihrem Beruf die ersten Sporen verdient hatte. Doña Evarista zu einem Tango zu bitten bedeutete, eine Flasche Whisky und eine Stange Zigaretten auf Kosten des Hauses zu bekommen. Wir alle tanzten den Tango ganz annehmbar, den Kanadier ausgenommen, der die Angewohnheit hatte, sich über alles, was er sah und hörte, Notizen zu machen, weil er, wie er sagte, einen Roman schreiben wollte, der besser sein würde als *Hundert Jahre Einsamkeit*. Die Dicke war in Liebe zu dem Kanadier entbrannt und immer, wenn sie ihn schreiben sah, befahl sie ihren Mädchen, still zu sein.

Im *Ali Khan* arbeiteten an die zwanzig Frauen, die ihre Kunden in winzigen Zimmern bedienten, in denen die Matratzen auf dem Boden lagen. Manchmal, wenn ein kräftiger Seemann in liebestoller Wildheit das auf Pfählen errichtete Etablissement erbeben ließ, spendeten ihm die Gäste im Salon aufrichtigen Beifall. So vergingen die Nächte. Die Nächte im *Ali Khan*.

Am nächsten Tag begann die Routine der Tropen: im Gestank der Sudpfanne erwachen, aus der Hängematte springen, die Wirbelsäule in eine lotrechte Haltung bringen, Kakerlaken und Skorpione aus den Schuhen schütteln, eine ausgiebige Dusche nehmen, hinaus in den klebrigen Dunst der Straße, einen *tinto* trinken, den bitteren Kaffee der Cantina, der Tote erweckt, fünf Häuserblocks weit gehen und in der Universität eine weitere Dusche, bevor der Unterricht anfängt.

In mein Seminar über die Soziologie der Kommunikationsmedien hatten sich fünfzehn Studenten eingeschrieben, von denen ich aber nur drei kennenlernte. Ich habe mich immer gefragt, was zum Teufel diese dort eigentlich suchten. Einer war mit seinen zwanzig Jahren ein unbestrittener Experte in Geschlechtskrankheiten; er hatte sie alle gehabt und gab damit an. Ein anderer, Sohn eines Bananenbarons, verbrachte die Vormittage mit dem intensiven Studium von Sportwagenkatalogen. Er war von der fixen Idee besessen, einen Porsche fahren zu wollen. Daß es in der ganzen Gegend keine vernünftigen Straßen gab, störte ihn nicht im geringsten. Und der dritte, na ja, ich habe nicht einmal herausgefunden, ob er überhaupt lesen konnte.

Nach drei Monaten war ich soweit, dem Pianisten des *Ali Khan* recht zu geben. Ich mußte raus aus diesem verfluchten Ort.

In der Gesellschaft von Machala waren wir nicht gut angesehen. Wir waren sechs Typen, fünf davon Ausländer, die auf Kredit lebten und Bordelle besuchten. Nein, gut angesehen waren wir nicht, aber man machte uns auch nicht das Leben schwer. Man ließ uns in einem Klima aus Ablehnung und Mißtrauen gewähren, bis eines Tages eines der Mädchen des *Ali Khan* mit Tränen in den Augen zu uns kam und uns berichtete, der Priester habe sie und zwei ihrer Kolleginnen am Betreten des Kinos gehindert, so daß sie *Cat Ballou* nicht hatten sehen können.

»Wo uns dieser Hund von Lee Marvin doch so gefällt«, erklärte sie schluchzend.

Zwar nicht gut angesehen, aber doch Kavaliere. Wir sechs Musketiere machten uns sofort auf den Weg, um ein paar deutliche Worte mit dem Priester zu sprechen.

»Liederliche Frauenzimmer kommen mir nicht ins Kino«, giftete der Geistliche.

»Aber Kino ist Kultur. Vielleicht finden die Mädchen durch einen Film zu den moralischen Werten zurück, mit denen sie ein ganz neues Leben beginnen können. Vergessen Sie nicht, daß Sie es sind, der die Filme auswählt«, gab der Argentinier zu bedenken.

»Das will ich nicht leugnen. Aber wenn sie kommen, dann nur in Begleitung einer moralisch anerkannten Person.«

»Zum Beispiel in Begleitung der Universitätsdozenten?« wollte der Kanadier wissen.

»Sie? Sie würden Ihre Karriere aufs Spiel setzen, um mit Huren ins Kino zu gehen? Daß ich nicht lache.«

Seit diesem Tag gingen wir jeden Freitag mit den Mädchen, die Lust dazu hatten, ins Kino. Der Priester stand am Eingang und sah uns haßerfüllt an, konnte unseren Begleiterinnen jedoch nicht den Eintritt verweigern. Wir erfüllten eine ritterliche Pflicht, doch die Gesellschaft von Machala sah das anders. Die ansässigen Lehrer luden uns nicht mehr ein, Polizisten warfen uns spöttische Blicke zu, und es verbreitete sich das Gerücht, wir seien nicht nur als Pädagogen, sondern auch als Zuhälter tätig. Es war Zeit, zu verschwinden. Das Problem war, wie. Bis zum Semesterende war es noch eine Weile hin.

Meine Chance kam eines Nachts im Casino. Ich genoß die frische Luft, die die Spieler niesen ließ und den Damen von Machala Gelegenheit gab, ihre pelzbesetzten Mäntel vorzuführen. Ich war allein. Meine Kollegen waren ins *Ali Khan* gegangen, denn dort hatte sich in der Nacht zuvor ein Wunder ereignet: Mit einer halben Flasche Rum im Leib hatte der Kanadier sich endlich aufgerafft und die Dicke zum Tanz aufgefordert. Tango, Salsa, Merengue, kreolische Walzer, Volkstanz und Polka, er tanzte alles. Wie neugeboren erklärte er, daß sein Romanprojekt endgültig zum Teufel gegangen sei; und warf seine Notizblätter unter die Gäste. Jetzt wolle er leben, mit allen Sinnen, zusammen mit seiner großen Liebe, sagte er und schlang seine Arme um Doña Evarista, die vor Freude ganz außer sich war. Die Dicke lud uns zu einem Abendessen ein, an dem ich natürlich teilnehmen würde, doch vorher wollte ich noch diese herrliche kühle Luft genießen, mit der man das Casino dann leichten Herzens verließ. Ich war in Gedanken versunken, als mir jemand seine Hand auf die Schulter legte.

Ein Typ, den ich vom Sehen kannte. Ich wußte, daß er Transportunternehmer im Bananengeschäft war, ihm gehörten Lastwagen und Schiffe. Der Mann sprach mit dem langsamen schleppenden Tonfall der Leute aus Guayaquil.

»Hören Sie, *teacher*, glauben Sie an die Wahrscheinlichkeitsrechnung?«

»Wird schon was dran sein.«

»Passen Sie auf: Ich habe sechsmal hintereinander auf die Null gesetzt, und sie ist nicht gekommen. Glauben Sie, daß sie beim nächsten Mal kommt?«

»Die einzige Möglichkeit, das herauszufinden, ist, es auszuprobieren.«

»So spricht ein Mann«, sagte er und warf einen Schlüsselbund auf den Filz.

»Chrysler, Jahreswagen. Hat mich zwanzigtausend Dollar gekostet.«

Der Croupier entschuldigte sich für einen Moment und verschwand in einen Nebenraum, gleich darauf kam er zurückgeeilt.

»Zehntausend und fünf Prozent Kommission für die Bank.«

»Fünfzehntausend, und ich verdopple die Kommission.«

»Abgemacht. Ihr Spiel, meine Herren.«

Die Kugel begann zu kreisen, und der Mann aus Guayaquil folgte ihrer Bahn mit unbewegtem Gesicht. Seine Hände auf die Tischkante gestützt, zeigte er nicht die geringste Spur von Aufregung. Er war ein wirklicher Spieler. Seine Lässigkeit deutete darauf hin, daß er verlieren wollte. Als die Kugel zum Stillstand kam und auf die Sieben fiel, zuckte er mit den Schultern.

»Scheißspiel, *teacher*. Aber jetzt wissen wir's wenigstens.«

»Tut mir leid.«

»Schicksal. Kommen Sie mit an die Bar, ich lade Sie zu einem Drink ein.«

An der Bar stellten wir uns gegenseitig vor. Der Typ wollte mehr über mich wissen, und nachdem er schweigend zugehört hatte, sprach er mit mir wie mit einem Bananenhändler.

»Sie kommen mir wie gerufen, *teacher*. Sie wohnen ein paar Monate bei mir in Rocafuerte. Mein Sohn steht kurz vor dem Abitur, und ich möchte, daß er Anwalt wird. Sie machen ihn mir fit, damit er die Aufnahmeprüfung für die Universität besteht, und ich löse Ihnen jedes finanzielle Problem. Abgemacht?«

»Aber in eine ecuadorianische Universität kommt doch jeder rein!«

»Mein Sohn soll in den Vereinigten Staaten studieren. Da gibt es Aufnahmeprüfungen und den ganzen Mist. Zweitausend Dollar im Monat? Machen wir's uns einfacher, *teacher*; hier haben Sie einen Blankoscheck. Morgen lösen Sie ihn ein. Heben Sie tausend oder zweitausend Dollar ab, was immer Sie brauchen. Aber denken Sie daran, am Wochenende sind Sie bei mir. Und nun hauen Sie ab, *teacher*. Wenn ich verloren habe, will ich allein sein.«

Es war nach Mitternacht, als ich im *Ali Khan* ankam. Doña Evarista hatte Dutzende von Empanadas gebacken, die besser schmeckten als Beluga-Kaviar in dieser kulinarischen Hölle, deren Speisezettel nur aus Reis und gerösteten Bananen bestand. In jener Nacht feierten wir, daß sich die Balken bogen. Doña Evarista erkannte die Unterschrift auf dem Scheck und sagte, es handle sich um einen der reichsten Männer der Gegend. Ich konnte mich also aller Sorgen enthoben fühlen und mich wieder warmlaufen.

Wir kauten mit vollen Backen Empanadas, tranken unzählige Flaschen chilenischen Weins, und nachdem wir die Tangos getanzt hatten, die der Dicken Sturzbäche von Tränen entlockten, überraschte uns der Kanadier mit einer Ansprache, zu der er auf einen Tisch kletterte.

»Freunde, ich möchte euch sagen, daß diese Frau wundervoll ist und daß ich ab morgen mit ihr zusammenleben werde. Ich werde der *man* in diesem Hause sein, und ihr, meine Freunde, meine Brüder, werdet von nun an wie unsere Kinder sein. Ein Hoch auf die Hurensöhne!«

Am nächsten Tag ging ich zur Bank, hob einen ansehnlichen Geldbetrag ab, bezahlte meine Schulden, verteilte ein paar Scheine unter meinen Kollegen und machte mich mit geschultertem Rucksack auf den Weg zur Busstation. Dort erwartete mich der lange hagere Pianist, bleich wie eine Kerze.

»Du weißt nicht, wie ich mich für dich freue, mein Junge. Viel Glück«, sagte er und drückte mir die Hand.

Bevor ich in den Bus stieg, füllte ich meine Lungen noch einmal mit der fauligen Luft, die von der Sudpfanne herüberwehte, und aus den Lautsprechern an der Plaza vernahm ich die Stimme des Priesters, der allen mit der Exkommunion drohte, die sich den Film *Kramer gegen Kramer* anschauten.

»Heute abend wird das Kino voll«, brummte der Pianist.

Jahre später und weit fort von Ecuador las ich in einer Literaturzeitschrift aus Quebec den Namen des Kanadiers aus Machala. Er hatte darin eine Erzählung unter dem Titel ›In den Tropen sind alle Katzen grau‹ veröffentlicht. Es war eine wunderschöne Erzählung, und er berichtete darin von einer Zeit, die er mit fünf Typen in einem vom Gestank der Hölle heimgesuchten Land verbracht hatte. Es war eine gute Erzählung; so gut wie jene Tage in Erwartung eines Gehalts, das nie kam, und unter den Flügeln eines Ventilators, der kein Lüftchen bewegte, aber in der Gemeinschaft großartiger Frauen und Männer, die mir das Beste gegeben haben, das sie zu bieten hatten.

3

An jenem Morgen stand ich vor Tagesanbruch auf, packte meine Habseligkeiten zusammen und sagte der Hacienda La Conquistada Lebewohl. Es war ein herrlicher Ort, eine wunderbare grüne Oase inmitten der kargen Landschaft, und ich kam mir lächerlich und gedemütigt vor, heimlich und in aller Hast wie ein Fliehender von dort zu verschwinden. Aber ich hatte die ganze Nacht lang darüber nachgedacht, und wie schon Lichtenstein sagt, die Entscheidungen, die uns das Kopfkissen eingibt, soll man befolgen.

Die Köchin sah mich aus der Tür huschen, tat aber so, als habe sie nichts bemerkt. Das Tor fand ich mit einer dicken Kette und einem Vorhängeschloß verriegelt. Zum Glück war die Mauer nicht sehr hoch, und ich überwand sie ohne Mühe.

Ich war etwa hundert Meter gegangen, als ein Lastwagen am Wegesrand hielt.

»Wohin wollen Sie?« fragte einer der Männer im Führerhaus.

»Nach Barranco. Ich will das Lufttaxi erwischen«, antwortete ich.

»Wenn Sie nichts dagegen haben, in Gesellschaft zu reisen, können wir Sie auf der Ladefläche mitnehmen. Wir fahren nach Ibarra«, sagte der Fahrer.

»Phantastisch. Vielen Dank«, entgegnete ich und sprang auf.

Der Lastwagen transportierte ein paar enorm große Schweine, die mich wie einen der ihren aufnahmen. Ich setzte mich in eine Ecke auf meinen Rucksack und dachte daran, daß ich im Begriff gewesen war, den großen Sprung über den Ozean zu machen und nach Europa zu gehen, das Leben mir jedoch den Weg wieder einmal in eine andere Richtung gelenkt hatte. Zum Trost ließ ich meinen Blick bewundernd über das Panorama der Berge und Schluchten gleiten, die der heraufziehende Tag in der Pampa in schmerzendes Licht tauchte.

Plötzlich wurde mir bewußt, daß die Schweine ihre Augen unverwandt auf mich gerichtet hielten. Jemand, ich weiß nicht mehr, wer, hat einmal geschrieben, Schweine hätten einen hinterhältigen Blick. Das stimmte nicht. Die Schweine, die mich anschauten, hatten unschuldige, furchtsame Augen. Vielleicht ahnten sie, daß sie ihre letzte Reise angetreten hatten.

»Wir haben etwas gemeinsam, und ich glaube, ihr habt es schon herausgefunden. Aber ich konnte rechtzeitig entwischen. Ihr werdet zu Würsten verarbeitet, Kameraden. Teufel noch eins. Aber so ist das Leben.«

Drei Wochen zuvor hatte ich mich in Ambato aufgehalten, der Stadt der Blumen und, zu Recht, der schönsten Frauen von Ecuador. Ich war auf dem Weg zum Coca, in Amazonien, um eine Reportage über die Erdölgewinnung zu schreiben. Eine nordamerikanische Zeitschrift hatte mir eine hübsche Summe für die Arbeit angeboten, und ich war wie immer knapp bei Kasse. In Ambato sollte ich einen Ingenieur treffen, der mich in seinem Jeep nach Cuenca bringen würde, und von dort wäre ich mit einem Flugzeug nach Texaco weitergeflogen.

So saß ich also auf der Terrasse eines Cafés und betrachtete glücklich und zufrieden die Mädchen, die dem Ruhm der Stadt alle Ehre machten. Um meinen Augen eine Erholung von soviel Schönheit zu gönnen, warf ich einen Blick in die Zeitung. Dort entdeckte ich eine merkwürdige Anzeige:

> Gebildeter junger Mann aus gutem Hause mit Schreiberfahrung gesucht, um bei der Niederschrift der Memoiren eines hochangesehenen Mannes des öffentlichen Lebens zu helfen. Bewerber mit spanischen Vorfahren bevorzugt. Interessenten werden um Terminvereinbarung unter Tel. ... gebeten.

Meine Neugier war geweckt, und ich rief an. Am Telefon meldete sich eine Frau mit herrischer Stimme, die keine meiner Fragen nach der Identität des hochangesehenen Mannes aus dem öffentlichen Leben beantwortete, sondern mich einem eingehenden Verhör unterzog, das in erster Linie meine spanischen Vorfahren betraf. Zu meiner Überraschung sagte sie schließlich, ich sei eingestellt, und erwähnte nebenbei ein Honorar, mit dem ich meine Reportage über die Ölförderung im Cocagebiet getrost vergessen konnte. Bevor sie auflegte, erklärte sie mir, wie ich zu der Hacienda gelangte, die etwa achtzig Kilometer von Ambato entfernt lag, und daß sie mich dort am nächsten Tag erwarte.

Vierundzwanzig Stunden später klopfte ich an das Tor von La

Conquistada, einem mächtigen Gebäude im Kolonialstil, von Gärten umgeben. Auf der Veranda hingen einige Dutzend Käfige mit Urwaldvögeln, und dort empfing mich auch die Frau, mit der ich tags zuvor telefoniert hatte.

»Sie gehören meiner Tochter. Sie betet die Vögel an. Ich hoffe, daß ihr morgendlicher Gesang Sie nicht stört. Tucane sind ja besonders lebhaft.«

»Überhaupt nicht. Es ist die beste Art, geweckt zu werden.«

»Treten Sie ein. Ich zeige Ihnen Ihr Zimmer.«

Der Eingang des Hauses wurde von dem lebensgroßen Bildnis eines Mannes beherrscht, der wie Cortés, Almagro oder sonst einer der Konquistadoren gekleidet war. Die Hände dieses Kriegers ruhten auf seinem Schwert.

»Der Präfekt Don Pedro de Sarmiento y Figueroa. Wir stammen in direkter Linie von ihm ab. Eine hohe Ehre«, sagte die Frau.

»Die Tropfen meines spanischen Blutes sind nicht von so edler Abkunft«, warf ich ein.

»Alles spanische Blut ist edel«, entgegnete sie.

Das Zimmer, das sie mir zuwies, war schlicht. In ihm standen ein Bett, ein Nachttisch und ein Schrank, deren Alter nicht zu übersehen war. In einer Ecke bemerkte ich ein seltsames Möbelstück, das mich zunächst an den Vorläufer eines Kleiderständers erinnerte, doch als ich vor dem Kruzifix stehenblieb, das darüber hing, erkannte ich, daß es ein Betschemel war.

»Nun machen Sie es sich bequem. In einer halben Stunde erwarten wir Sie im Speisesaal.«

Während des Essens stellte ich fest, daß die Nachkommen des Präfekten nicht sehr zahlreich waren und daß der Stammbaum mit ihnen endete.

Die Frau, die Witwe war, führte das Regiment auf der Hacienda und fand ihr wahres Vergnügen darin, die indianischen Hausbediensteten und die Landarbeiter zu demütigen. Sie hatte eine Tochter, Aparicia, die um die Vierzig war und sich unbeholfen bewegte, so als müsse sie bei den Möbeln um Entschuldigung dafür bitten, daß sie fast einen Meter neunzig maß und einen Körper mit sich herumschleppte, der wohlgeformt, aber riesig war. Vom ersten Augenblick an kam diese Frau mir vor wie einem barocken Gemälde entsprungen; die Meister des Barock liebten es ja, junge Damen in fleischlicher Fülle darzustellen. Einem von ihnen war wohl die Hand ausgerutscht, und er hatte Aparicia gemalt, ein Weibsbild von verschwenderischer Leibesfülle, und um keinen Verrat an der Schule zu begehen, hatte er beschlossen, sie aus dem Bild herauszunehmen. Ihr Gesicht hätte schön sein können, wäre es nicht von einem bitteren, beinah haßerfüllten Zug entstellt worden, den sie von ihrer Mutter geerbt hatte. Aparicia saß von morgens bis abends und stickte, und obwohl ich zoologische Vergleiche verabscheue, in ihrer Nähe nahm ich stets den charakteristischen Geruch von saurer Milch wahr, wie ihn läufige Weibchen verströmen. Der Herr des Hauses war der hochangesehene Mann des öffentlichen Lebens, Vater der Witwe und in den zwanziger Jahren Held im Kampf um die politische Macht. Er wurde mit dem garciamarquesken Rang eines Obersten angeredet und ernährte sich ausschließlich von Yuccabrei, der mit Palmhonig gesüßt wurde. Schließlich war da noch Pater Justiniano, ein alter Geistlicher, der sich wie ein Aasgeier bewegte und aus allen Poren nach Alkohol stank.

Das Leben auf La Conquistada folgte einer eisernen Routine: Morgens um sieben hatte ich an einer Messe in der Hauskapelle teilzunehmen. Nach dem Frühstück unterhielt ich mich ein paar Stunden mit dem alten Obersten und dem Geistlichen. Dann folgte das Mittagessen, vor dem ein Dankgebet gesprochen wurde. Nachmittags, nach der Siesta, trank ich mit den beiden Alten Kaffee bis zur Stunde des Rosenkranzes. Nach dem Abendessen gingen wir in den Salon, wo Aparicia stickte, die Alten Domino spielten und die Witwe mir von den Abenteuern des Präfekten erzählte.

Eines Morgens, eine Woche nach meiner Ankunft auf der Hacienda, trat ich auf die Veranda und sah Aparicia, die mit einem ihrer Vögel sprach. Als sie meine Anwesenheit bemerkte, stieg ihr das Blut in die Wangen, und sie begann heftig zu atmen. Offenbar hatte ich sie in einer intimen Situation überrascht, und ich versuchte, mich mit einer freundlichen Bemerkung aus der Affäre zu ziehen.

»Sie haben sehr schöne Vögel. Wie heißt dieser hier?« fragte ich und zeigte auf den erstbesten Käfig.

»Stiervogel«, antwortete sie, ohne mich anzusehen.

»Können Sie ihn zum Singen bringen?«

»Es ist besser, wenn dieser Vogel nicht singt«, sagte sie und verschwand, ein Aroma von saurer Milch zurücklassend.

Ich blieb vor dem Käfig stehen. Der Vogel war so groß wie eine ausgestreckte Hand, sein Gefieder war schwarz, glänzend, fast bläulich. Auf dem Kopf trug er einen graugrünen Federbusch, und von der Brust hing ihm ein Federlatz, wie ihn die Pfauen haben. Ich streckte meine Hand aus, und der Vogel, vielleicht hatte ich ihn erschreckt, ließ den Latz wie eine Kröte anschwellen und gab einen Laut von sich, der im krassen Gegensatz zu seiner zierlichen Schönheit stand. Einen dumpfen, vulgären Ton, der dem Gebrüll von Kühen ähnelte, die sich vor einem nahenden Gewitter fürchten.

Eine Dienstmagd näherte sich mir, indem sie so tat, als fege sie die Veranda.

»Bringen Sie diesen Vogel nicht zum Singen, Patron. Er ist ein unseliger Vogel. Immer wenn er in der freien Natur singt, verschwinden die anderen Vögel und lassen ihn allein. Der Ärmste ist der Lieblingsvogel von Señorita Aparicia.«

Nachmittags lächelte die Witwe zufrieden, wenn sie mich in meinem Notizbuch blättern sah, doch ich betrachtete allmählich das ganze Unternehmen als eine gut bezahlte Zeitverschwendung. Die Erinnerungen des hochangesehenen Mannes aus dem öffentlichen Leben waren bedingt durch Arteriosklerose und die Zensur des Priesters nur noch ein fahler Abglanz ihrer selbst. Von einem früheren Liberalen war dem armen Alten nichts mehr geblieben, und manchmal verwechselte er Episoden aus seinem Leben mit solchen, die er in Büchern gelesen hatte. So war es zum Beispiel nicht verwunderlich, daß er die Ermordung Eloy Alfaros als eine Folge der Napoleonischen Kriege darstellte.

Nach vierzehn Tagen hatte ich ein Gefühl, als verbringe ich auf La Conquistada meine ersten Ferien seit vielen Jahren. Ich aß gut, schlief hervorragend, atmete die beste Luft, trank guten spanischen Wein, die Witwe weihte mich in das rentable Geschäft der Viehzucht ein, und Aparicia sorgte dafür, daß meine Wäsche stets sauber und makellos gebügelt war. Manchmal, wenn ich spürte, wie ihr Aroma mein Blut in Wallung brachte, dachte ich daran, daß ich mich nach dem Genuß einiger Flaschen Wein sogar in das Bett der Stickerin wagen würde.

Morgens während der Messe setzte Aparicia sich stets an meine Seite. Ich verstand nie, was sie sagte, wenn sie vor der von Capiscara geschnitzten Heiligen Jungfrau kniete, die der Stolz der Familie war. Auch wenn ich ihre Worte nicht hörte, ihren Gesten konnte ich entnehmen, daß diese Frau weit davon entfernt war zu beten; sie schien vielmehr Verwünschungen, Flüche und, wer weiß, vielleicht sogar Gotteslästerungen auszustoßen, weil sie so groß und so dick war.

In diesen zwei Wochen füllte ich ein paar Notizbücher mit den Erinnerungen des Obersten und den Anmerkungen des Geistlichen. Von allen Anwesenden schien mir der alte Priester der Interessanteste zu sein. Nachmittags, zur Zeit des Rosenkranzes, hatte er bereits mehrere Flaschen Zuckerrohrschnaps getrunken, und dann entlud sich sein ganzer Zorn auf die Bewohner Amazoniens, die er Heiden, Ketzer, Perverse nannte und beschuldigte, die Ursache seines Verderbens zu sein. Der Geistliche in seinem alkoholischen Zustand faszinierte mich vor allem, nachdem die Köchin mir erzählt hatte, er sei in jungen Jahren Missionar bei den Aucas gewesen.

»Er war auf dem besten Weg, ein Heiliger zu werden, aber die Urwaldfrauen haben ihn erst um den Verstand und dann um die Keuschheit gebracht. Da sie alle hübsch anzusehen und völlig nackt sind, hat er sein Zölibat vergessen, und es heißt, er habe fünf Kinder im Urwald gezeugt. Hinterher ist er verrückt geworden bei dem Gedanken, daß die armen Bastarde da nackt herumlaufen, rohes Fleisch essen und wie die Affen von Baum zu Baum springen.«

Ich versuchte, den Priester auszuhorchen, aber der alte Trunkenbold war wortkarg. Wenn er soviel getrunken hatte, daß er nicht mehr auf den Beinen stehen konnte, führten die Witwe und Aparicia ihn mit großer Behutsamkeit zu seinem Bett. Kurz darauf kehrten sie zurück, ohne über die Trunksucht seiner Eminenz auch nur ein einziges Wort zu verlieren; die Witwe bot mir dann Cognac an, und wir sprachen über die Memoiren des Obersten, darüber, wie lange die endgültige Niederschrift dauern und wie sehr der alte Herr sich freuen würde, sie veröffentlicht zu sehen.

Den Abend vor meiner nicht sehr ehrenvollen Abreise von La Conquistada kam die Witwe mit einem neuen Vorschlag zu mir: Diesmal handelte es sich darum, die Biographie des Präfekten zu schreiben. Ihr Angebot ließ mich vor Erregung zittern, denn es enthielt auch eine Reise nach Europa.

»Sie müssen natürlich nach Spanien reisen, um dort die Dokumente der Überseearchive einzusehen. Aber darüber sprechen wir, wenn die Memoiren des Obersten gedruckt sind.«

In jener Nacht bekam ich kein Auge zu, wie ich mich auch im Bett herumwälzte. Diese Familie war, trotz ihrer anachronistischen Lebensweise und ihrer offensichtlichen Dummheit, eine Goldgrube für mich. Ohne es zu wollen, war ich auf die reichste Ader gestoßen. Zum erstenmal in meinem Leben wurde ich eingestellt, geachtet und bezahlt für etwas, das ich immer hatte tun wollen: schreiben. Und zudem noch – oh, Gipfel des Glücks! – man wollte mich nach Europa schicken.

Ich ging in die Küche, um ein Glas Milch zu trinken. Bei der Köchin traf ich einen Mann, den ich einmal ein Pferd hatte zähmen sehen. Er war ganz in Weiß gekleidet und trug das rote Halstuch der Küstenbewohner. Während die Köchin einen Topf Milch warm machte, musterte er mich von oben bis unten und grinste auf eine zynische Art.

»Kaum zu glauben«, sagte er dann und lachte.

»Komme ich Ihnen spaßig vor?«

»Um ehrlich zu sein, viel mehr als das; Sie kommen mir dämlich vor.«

»Langsam, mein Freund. Ich kenne Sie gar nicht, und Sie beleidigen mich. Darf ich wissen, warum?«

»Halt den Mund, José. Du kriegst nur Ärger«, sagte die Köchin.

»Ach was; irgend jemand muß es ihm doch sagen!«

»Mir was sagen?«

Der Kerl ging zur Tür und bedeutete mir, ihm zu folgen. Immer noch verwundert, schaute ich zur Köchin.

»Gehen Sie mit ihm, Patron. Man glaubt es kaum, aber Sie scheinen wirklich nicht zu wissen, was hier vorgeht.«

Wir traten in die kalte Nacht der Steppe hinaus. Der Typ deutete auf den Pferdestall. Dort bot er mir den Platz auf einer Kiste an und hielt mir eine Flasche hin.

»Nehmen Sie einen Schluck. Ich glaube, den können Sie gebrauchen.«

Ich trank. Es war, als würden mir die Eingeweide aus dem Leib gerissen. Das war reiner Schnaps, das stärkste Zeug, das in den Zukkermühlen ringsum verkauft wurde. Ich hustete, und der Typ klopfte mir auf den Rücken.

»Entschuldigen Sie, daß ich Sie dämlich genannt habe, mein Freund; aber verdient haben Sie's.«

»Schon gut. Haben Sie eine Zigarette, um dieses Gift zu neutralisieren?«

Er zog zwei lange Zigarren aus seiner Hemdtasche und bot mir eine an. Als er mir Feuer gab, sah er mir ins Gesicht, so wie man einen armen Trottel anschaut.

»Also los, spucken Sie's aus.«

»Sie hängen am Köder, mein Freund. Wie ein Fisch an der Angel.«

»Ich verstehe kein Wort.«

»Oh, Gott, erbarme dich der Dummen! Sie werden geködert, mein Freund; aber nicht, um in der Pfanne zu braten. Man will Sie verheiraten.«

»Was zum Teufel reden Sie da?«

»Man will Sie verheiraten. Die Witwe hat beschlossen, daß Sie der richtige Mann für die Dicke sind. Sie sind ledig, nicht von hier, kennen hier niemanden, haben keine Familie, und – das soll keine Beleidigung sein – wie alle Schreiberlinge stehen Sie wohl nicht so ganz mit beiden Beinen auf der Erde, so daß Sie auch Ihre Nase nicht in die Geschäfte der Witwe stecken werden. Sie riechen förmlich nach Ehemann.«

»Sie spinnen ja. Wo haben Sie denn diesen Unsinn her?«

»Man merkt, daß Sie nicht von hier sind, sonst hätten Sie längst Lunte gerochen. Denken Sie doch mal nach: In der Messe setzt man Sie neben die Dicke, beim Essen setzt man Sie neben die Dicke, beim Rosenkranz sitzen Sie wieder neben der Dicken. Und wer wäscht und bügelt Ihre Wäsche? Die Dicke. Wer macht Ihr Bett und stellt Ihnen Blumen ins Zimmer? Die Dicke. Haben Sie gesehen, was sie stickt? Bettwäsche, mein Freund. Die Aussteuer. Keine Frau aus dieser Gegend täte das in Anwesenheit eines Mannes, der nicht ihr Verlobter ist.«

Die Worte des Weißgekleideten verschlugen mir die Sprache. Der

Rauch der Zigarre kratzte in meinem Hals, und ich bat ihn, mir noch einmal die Flasche herüberzureichen. Diesmal war der Schnaps nicht mehr so beißend, und ich sah eine gewisse Logik in dem, was der Mann sagte.

»Nehmen wir an, Sie haben recht. Warum sagen Sie mir das alles?«

»Weil Sie mir leid tun, mein Freund. Sehen Sie, hier gibt es eine Menge Männer, die bereit wären, dieses Monstrum zu heiraten; wegen der Hacienda, versteht sich. Da wir aber unseren Stolz haben, ist keiner von uns bereit, seinen Namen aufzugeben. Begreifen Sie nicht? Sie sollen geködert werden, um als Deckhengst die Nachkommenschaft der Sarmiento y Figueroas zu sichern. Die Witwe ist eine verrückte Alte, die, genau wie ihr Vater und der Priester, nichts anderes im Sinn hat, als ihre dicke Tochter an den Mann zu bringen, damit die kleine Jungs in die Welt setzt, die die Linie des Präfekten, oder wie sie diesen Scheißspanier nennen, verlängern. Die Alte ist Witwe, aber bevor sie Witwe wurde, hat sie Aparicias Vater das Leben zur Hölle gemacht, einem Mann aus Latacunga, der sie sitzengelassen hat, aus gutem Grund. Als Aparicia geboren wurde, hat der alte, idiotische Oberst die beiden ausgepeitscht, weil sie ein Mädchen und keinen Jungen gezeugt hatten. Verstehen Sie? Und wenn Sie sich fragen, warum die Witwe sich nicht von einem anderen Mann hat schwängern lassen, dann ist die Antwort ganz einfach: Wer die Linie der Sarmiento y Figueroas fortsetzt, darf kein indianisches Blut in den Adern haben. Verstehen Sie jetzt?«

»Ich habe das Blut der Indios meiner Heimat in den Adern«, warf ich ein.

»Schön blöd müssen eure Indios sein. Wir hier wissen, wo wir hingehören. Sie werden verheiratet, mein Freund. Und wehe, Sie schwängern die Dicke nicht bald; und wehe, wehe, Sie machen ihr keinen Jungen.«

»Und was passiert, wenn ich mich der Heirat widersetze?«

»Mein guter Freund, niemand hier würde gern in der Haut eines Fremden stecken, der die Herren von La Conquistada beleidigt.«

Gegen Abend setzten mich die Lastwagenfahrer in Ibarra ab. Nachdem ich mich von ihnen und den Schweinen verabschiedet hatte, rief ich als erstes einen befreundeten Anwalt in Quito an, um ihn zu fragen, was er von dem Fall hielt.

»Du hast ein ernstes Problem. Diese Paranoiker sind unberechenbar, wenn sie in ihrem Stolz verletzt wurden.«

»Das ist absurd. Das Ganze ist absurd.«

»In Ecuador ist alles so absurd, daß sich kein Mensch mehr darüber wundert. Die Sarmiento y Figueroas gehören zu den vierzig Familien, die hier das Sagen haben. Verschwinde für eine Weile.«

Ich befolgte den Rat meines Freundes. Ich reiste nach Bogotá und von dort nach Cartagena de Indias. Ich weiß nicht, ob die Witwe etwas gegen mich unternommen hat, und ich vergaß die Geschichte, bis der Zufall mich einige Jahre später erneut nach Ecuador führte. Auf dem Jahrmarkt von Otavalo traf ich die Köchin von La Conquistada wieder.

Die gute Frau arbeitete nicht mehr auf der Hacienda und zog jetzt über die Märkte, wo sie gebratene Meerschweinchen verkaufte. Sie bot mir einen Korbstuhl an, und nachdem sie mir das dickste ihrer leckeren Nagetierchen aufgetischt hatte, erzählte sie mir das Ende der Geschichte.

»Als sie von Ihrer Flucht erfuhren, haben die Witwe und die beiden Alten Señorita Aparicia schrecklich verprügelt. Sie haben sie geschlagen und geschrien, sei sei blöd, weil sie in diesen Wochen nicht zu Ihnen ins Bett gestiegen sei. Am ganzen Körper grün und blau hatte die Ärmste schließlich noch die Kraft, alle Vögel zu töten, die in den Käfigen saßen. Sie hat nur einen am Leben gelassen. Einen schwarzen Urwaldvogel, der blökte wie eine Kuh. Mir hat die Señorita leid getan, aber Ihretwegen habe ich mich gefreut.«

»Und wie ging es weiter?«

»Vier oder fünf Monate später tauchte ein anderer Junge auf, um die Memoiren des Obersten zu schreiben. Der Junge hatte eine seltsame Art zu sprechen. Er sagte immer so was wie *obrigado*, wenn man ihm etwas brachte.«

»Ein Brasilianer. Was soll's. Erzählen Sie weiter.«

»Sie haben ihn mit der Señorita verheiratet. Sie haben es doch noch geschafft.«

»Und ...?«

»Nichts weiter. Jetzt haben sie ein Kind auf der Hacienda. Wollen Sie wissen, wie es heißt? Pedrito de Sarmiento y Figueroa«, sagte die Köchin und lächelte so entzückend, wie nur die Frauen von Otavalo lächeln.

Dritter Teil

Notizen einer Rückreise

1

»Da sind wir also«, sagte ich leise, und eine Möwe dreht ihren Kopf und schaut mich einige Sekunden an. »Schon wieder so ein Verrückter«, wird die Möwe denken, denn ich bin ganz allein. Ich stehe am Meer in Chonchi, einem Hafen auf der großen Insel von Chiloé, weit im Süden der Welt.

Ich warte auf die Erlaubnis, an Bord der *El Colono* gehen zu dürfen, einer rot-weiß gestrichenen Fähre, die jahrzehntelang Ostsee, Mittelmeer und Adria befuhr und nun auf den kalten, tiefen und unberechenbaren Gewässern des Südens schwimmt.

Nach ihrer auf vierundzwanzig Stunden veranschlagten Fahrt, die auch dreißig oder mehr Stunden dauern kann – alles hängt von den Launen des Meeres und des Windes ab –, wird mich die *El Colono* ungefähr fünfhundert Meilen südlich, im Herzen des chilenischen Patagonien, an Land setzen.

Während ich warte, denke ich an die beiden alten Gringos, die die dünnen Fäden des Schicksals zogen und es geschafft hatten, daß Bruce Chatwin und ich uns auf der Terrasse des Café Zürich in Barcelona trafen.

Ein Engländer und ein Chilene. Darüber hinaus zwei Typen mit einer wenig ausgeprägten Vorliebe für die Phoneme des Wortes *Vaterland*. Der Engländer, ein Nomade, weil er nichts anderes sein konnte; und der Chilene, aus ähnlichen Gründen ins Exil geschickt. Teufel auch! Man müßte solche Begegnungen verbieten oder zumindest dafür sorgen, daß sie nicht in Anwesenheit Minderjähriger stattfinden.

Das von Bruce' spanischem Verleger arrangierte Treffen sollte um zwölf Uhr mittags stattfinden, und ich kam auf die Minute pünktlich. Der Engländer war schon da; er hatte ein Bier vor sich stehen und las in einem dieser abartigen Comics von *El Víbora*. Um ihn auf mich aufmerksam zu machen, pochte ich ein paarmal sanft auf den Tisch.

Der Engländer blickte auf und trank einen Schluck, bevor er sprach.

»Einen pünktlichen Südamerikaner kann ich ja noch ertragen; aber ein Typ, der seit Jahren in Deutschland lebt und zu einem ersten Treffen keine Blumen mitbringt, ist schlicht intolerabel.«

»Wenn du zehn Minuten warten willst, komme ich mit Blumen zurück«, antwortete ich. Er deutete auf einen Stuhl. Ich setzte mich, zündete mir eine Zigarette an, und wir musterten uns eine Weile wortlos. Er wußte, daß ich von den beiden Gringos wußte, und ich wußte, daß er von den beiden Gringos wußte.

»Bist du aus Patagonien?« fragte er, die Stille unterbrechend.

»Nein, von weiter oben aus dem Norden.«

»Um so besser. Von dem, was Patagonier einem erzählen, kann man nämlich höchstens den vierten Teil glauben. Sie sind die größten Lügner, die es auf Erden gibt«, sagte er und griff nach seinem Bier. Ich fühlte mich verpflichtet, den Hieb zurückzugeben.

»Das Lügen haben sie von den Engländern gelernt. Kennst du die Geschichten, die Fitzroy über den armen Jimmy Button erfunden hat?«

»Jede einzelne«, sagte Bruce und reichte mir die Hand.

Die Vorstellungszeremonie war zufriedenstellend verlaufen, und wir unterhielten uns danach über jene beiden alten Gringos, die uns vielleicht von irgendeinem unbekannten Ort auf der Weltkarte beobachteten und ganz glücklich waren, Zeugen unserer Begegnung zu sein.

Seit jenem Mittag in Barcelona sind einige Jahre vergangen. Einige Jahre und ein paar Stunden, denn während ich darauf warte, daß die Schauerleute damit fertig werden, die *El Colono* zu beladen, und mir erlauben, an Bord zu gehen, ist es drei Uhr nachmittags geworden, ebenfalls an einem Tag im Februar. Im südlichen Teil der Welt ist offiziell Sommer, doch für den eisigen Wind, der vom Pazifik weht, ist diese Tatsache ohne jede Bedeutung. Er kommt in Böen, die die Kälte bis in die Knochen treiben und einen zwingen, die Wärme der Erinnerung zu suchen.

Die beiden Gringos, über die wir in Barcelona sprachen, waren die meiste Zeit ihres Lebens im Bankgeschäft tätig, welches man bekanntlich auf zweierlei Weise betreiben kann: als Bankier oder als Bankräuber. Die beiden hatten die letzte Möglichkeit gewählt, denn als richtige Amerikaner lag ihnen wohltätiger Puritanismus im Blut, der sie bewog, das Geld, das sie durch ihre Banküberfälle anhäuften, sofort mit anderen zu teilen. Sie teilten es mit Varietékünstlerinnen aus Baltimore, mit Opernsängerinnen aus New York, mit chinesischen Köchen in San Francisco, mit schokoladenbraunen Huren aus den Bordellen von Kingston oder Havanna, Wahrsagerinnen aus La Paz, dubiosen Dichterinnen aus Santa Cruz, melancholischen Musen aus Buenos Aires, Seemannswitwen aus Punta Arenas, und schließlich finanzierten sie damit unmögliche Revolutionen in Patagonien und Feuerland. Sie nannten sich Robert Leroy Parker und Harry Longabough, Mister Wilson und Mister Evans, Billy und Jack, Don Pedro und Don José. In den offenen Raum der Legenden sind sie als Butch Cassidy und Sundance Kid eingegangen.

An dies alles erinnere ich mich, während ich am südlichen Ende der Welt auf einem Weinfaß am Meer sitze und mir Notizen in einem Büchlein mit karierten Blättern mache, das Bruce mir speziell für diese Reise geschenkt hat. Es ist ein Museumsstück, ein echtes Moleskin in Atlasbindung, das schon Schriftsteller wie Céline oder Hemingway sehr geschätzt haben und das in keinem Schreibwarenladen mehr zu kaufen ist. Bruce riet mir, es vor dem Benutzen so zu machen wie er: zuerst die Seiten numerieren, dann auf der Innenseite des Buchdeckels mindestens zwei Adressen in der Welt zu notieren und schließlich jedem eine Belohnung zu versprechen, der es im Falle des Verlusts an eine der angegebenen Adressen schickt. Als ich einwandte, das Ganze käme mir doch allzu englisch vor, entgegnete Bruce, gerade aufgrund dieser Art von Vorsichtsmaßnahmen hielten die Engländer ihre Illusion eines Weltreichs aufrecht; ihren Kolonien hatten sie mit Blut und Feuer den Gedanken eingebrannt, zu England zu gehören, und als sie sie verloren und nur eine kleine Geldentschädigung dafür bekamen, holten sie sie sich unter dem Euphemismus des British Commonwealth wieder zurück.

Die Moleskins stammten von einem Buchbinder aus Tours, dessen Familie sie seit Anfang des Jahrhunderts herstellte, doch nachdem der gute Mann gestorben war, wollte keiner seiner Nachkommen die Tradition fortführen. Niemand muß darüber jammern. So sind die Spielregeln einer vorgeblichen Modernität, die Tag für Tag Riten, Bräuche und kleine Gewohnheiten auslöscht, an die wir uns schon bald mit Wehmut erinnern werden.

Eine Stimme verkündet, daß wir in »wenigen Minuten« ablegen, doch sie sagt nicht, wann genau.

Die meisten der kleinen Häfen und Ortschaften auf der Insel Chiloé wurden im 16. und 17. Jahrhundert von Korsaren gegründet, oder aber um sich vor diesen zu schützen. Ob Korsaren oder Edelleute, alle mußten die Magellanstraße passieren und daher in Orten wie Chonchi vor Anker gehen, um sich mit Proviant zu versorgen. Aus jenen Zeiten hat sich der funktionelle Charakter der Gebäude erhalten: Sie haben alle eine Doppelfunktion, auch wenn eine an erster Stelle steht. Die Läden dienen als Bar und Eisenwarenhandlung, Bar und Postamt, Bar und Schiffsagentur, Bar und Apotheke, Bar und Bestattungsunternehmen. Ich betrete einen Laden, der Bar und Tierarztpraxis ist, doch ein Schild am Eingang weist darauf hin, daß er noch eine weitere Funktion hat: BEHANDLUNG VON KRÄTZE UND DURCHFALL BEI TIER UND MENSCH.

Ich setze mich an einen Tisch am Fenster. An den Nachbartischen wird *truco* gespielt; ein Kartenspiel, bei dem man dem Mitspieler auf alle erdenkliche Weise zuzwinkern kann, bei dem man aber jede Karte unter Aufsagen eines Reims ausspielen muß. Ich bestelle ein Glas Wein.

»Ein Glas oder ein Gläschen?« will der Kellner wissen.

Ich bin in diesem Land geboren, nur ein Stück weiter oben im Norden. Knapp zweitausend Kilometer trennen Chonchi von meinem Geburtsort, doch vielleicht liegt es an meiner langen Abwesenheit, daß ich verlernt habe, auf wichtige Präzisierungen zu achten. Ohne nachzudenken, beharre ich auf einem Glas.

Kurz darauf kommt der Kellner mit einem riesigen Humpen zurück, der beinah einen Liter faßt. Im südlichen Teil dieser Welt sollte man die Diminutive nicht unterschätzen.

Der Wein ist gut. Ein *pipeño*, ein junger, leicht säuerlicher Wein, kratzig, herb wie die Natur, die mich draußen erwartet. Er rinnt köstlich durch die Kehle, und während ich ihn rinnen lasse, kommt mir eine Geschichte in den Sinn, die Bruce besonders gern erzählte.

Auf seiner Rückreise aus Patagonien, den Rucksack voller Moleskins, die das Rohmaterial enthielten zu dem, was später unter dem Titel *In Patagonien* eines der besten Reisebücher aller Zeiten werden sollte, verbrachte Bruce einen Tag in Cucao, einem Ort im östlichen Teil der Insel. Er trug den Hunger mehrerer Tage mit sich und wollte essen, aber ohne den Magen zu überlasten.

»Ich möchte etwas essen, aber etwas Leichtes bitte«, erklärte er dem Kellner im Restaurant.

Sie brachten ihm die halbe Keule eines gebratenen Lamms, und als er reklamierte und darauf bestand, etwas Leichtes essen zu wollen, bekam er eine dieser Antworten, auf die es keine Widerrede gibt:

»Es war ein sehr mageres Lamm. Ein leichteres Tier wird der Herr auf der ganzen Insel nicht finden.«

Merkwürdige Leute. Und da Chiloé das Vorzimmer von Patagonien ist, nehmen hier die treuherzigen, wunderbaren Überspanntheiten ihren Anfang, denen wir weiter südlich auf Schritt und Tritt begegnen. Ein argentinischer Lehrer erzählte mir einmal eine unübertreffliche Geschichte. Einer seiner Schüler hatte in einem Aufsatz über die Uhr geschrieben: »Eine Uhr dient dazu, die Verspätungen zu wiegen. Eine Uhr geht auch mal kaputt; und wie ein Auto Öl verliert, verliert die Uhr Zeit.«

Hat da jemand etwas vom Tod des Surrealismus gesagt?

Im Hafen wird es lebhafter. Die Lastwagen sind bereits an Bord, jetzt kommen die Kleinfahrzeuge an die Reihe. Danach wird man die Passagiere aufrufen, sobald die Schauerleute ihre Arbeit beendet haben. Die Inselbewohner sind kräftige Leute. Von kleiner Statur, schleppen sie auf ihren kurzen stämmigen Beinen schwere Säcke mit Kartoffeln und Gemüse, Stoffballen, Küchengerät, Kisten mit Salz, Säcke mit Matekräutern, Tee und Zucker; alles Waren, die den meist von libanesischen Einwanderern abstammenden Händlern gehören. Wenn sie wieder an Land gehen, ziehen sie mit ihren Lasttieren zu den Haziendas und entlegenen Gehöften in den Bergen, an die Ufer der Fjorde oder in die endlose Pampa.

Ich trinke meinen Wein aus. Die Bewegung draußen geht mir ins Blut, mein ganzer Körper drängt zum Aufbruch.

Dies ist eine Reise, die vor mehreren Jahren ihren Anfang nahm, wann genau ist gar nicht wichtig. Sie begann an jenem Februartag in Barcelona, als ich mit Bruce im Café Zürich saß. In unserer Begleitung befanden sich zwei alte Gringos, doch nur wir beide konnten sie sehen. Wir saßen zu viert am Tisch, und so sollte sich keiner darüber empören, daß wir zwei Flaschen Cognac niedermachten.

Wir finden vielleicht nie heraus, wie diese beiden Banditen ihre Banküberfälle planten; aber ich kann erzählen, wie ein Engländer und ein Chilene, die gegen fünf Uhr nachmittags heilig betrunken waren, eine Reise ans Ende der Welt in Angriff nahmen.

»Wann brechen wir auf, Chilene?«

»Sobald man mich läßt, Engländer.«

»Hast du immer noch Probleme mit den Primaten, die dein Land regieren?«

»Ich nicht. Sie haben ein Problem mit mir.«

»Verstehe. Was soll's. So haben wir mehr Zeit für die Reisevorbereitungen.«

Sie sprachen noch über andere Nebensächlichkeiten wie, die Hazienda zu finden, auf der Butch Cassidy und Sundance Kid angeblich geköpft worden waren, ihr Grab aufzusuchen, die letzten Tage ihres Lebens zu rekonstruieren und dann vierhändig ein paar Seiten in Form einer Sage oder eines Romans zu schreiben.

Als ich die ersehnte Erlaubnis bekam, in den Süden der Welt zurückzukehren, hatte Bruce Chatwin die letzte unvermeidliche Reise bereits angetreten. Ich glaube, indem er den gesamten Moleskinbestand eines alten Pariser Schreibwarenladens in der Rue de l'Ancienne Comédie aufkaufte, des einzigen, der sie noch führte, bereitete Bruce sich unbewußt auf diese Reise vor. Wo immer er ist: was, zum Teufel, mag er jetzt darin notieren?

Die Erlaubnis, in meine Welt zurückzukehren, erreichte mich überraschend in Hamburg. Neun Jahre lang war ich jeden Montag zum chilenischen Konsulat gegangen, um zu fragen, ob ich zurückkönnte. Neun Jahre, in denen ich ungefähr fünfhundertmal dieselbe Antwort erhielt: »Nein, Ihr Name steht auf der Liste derer, die nicht zurückkönnen.«

Und dann, an einem Montag im Januar, unterbrach der grämliche Angestellte seine Routine und meine Gewöhnung an sein unmißverständliches Nein: »Wann Sie wollen. Sie können zurück, wann Sie wollen. Ihr Name wurde von der Liste gestrichen.«

Ich verließ das Konsulat zitternd. Ich saß stundenlang an der Alster, bis ich mich daran erinnerte, daß Versprechen unter Freunden heilig sind, und ich mich entschloß, in den nächsten Tagen zu meiner Begegnung am Ende der Welt aufzubrechen.

Endlich werden die Passagiere aufgerufen. »Los geht's, Bruce, du verdammter Engländer, der du versteckt hinter deinen Moleskinblättern, als Spitzel reist. Morgen abend werden wir in Patagonien auf den Spuren der beiden Gringos sein, die der Anlaß zu diesem Abenteuer waren. Und weder sie noch die Gauchos, die du kennst, werden sich wundern, daß wir kommen, denn die Patagonier versichern einem in der dichten Einsamkeit ihrer Gehöfte, daß ›der Tod kommt, wenn man akzeptiert, daß man gestorben ist‹.«

Die Taue der *El Colono* sind gelöst, doch die Laderampe wurde noch nicht hochgezogen. Zwei Matrosen diskutieren mit einem alten Mann, der bleich wie ein Bettlaken ist und darauf besteht, einen Sarg mit an Bord zu nehmen. Die Matrosen behaupten, das bringe Unglück. Der Alte antwortet, er habe ein Recht auf siebzig Kilo Fracht. Die Matrosen drohen, die Kiste über Bord zu werfen. Der Alte schreit, er habe Krebs und ein Recht auf ein anständiges Begräbnis, er sei kein Dahergelaufener. Schließlich schaltet sich der Kapitän ein, und sie treffen ein Abkommen: Der Sarg und alles wird an Bord genommen, dafür verpflichtet sich der Mann, nicht während der Fahrt zu sterben. Ein Händedruck besiegelt die Abmachung. Danach setzt sich der Alte auf den Sarg. Nahrung für das Moleskin.

Das Schiff nimmt Fahrt auf, richtet seinen Bug auf die Bucht von Corcovado. Bald wird es Nacht sein, und ich vergewissere mich mit Freude, daß die Feldflasche mit dem kräftigen *pipeño* gefüllt ist und ich ausreichend Tabak dabei habe. Ich bin bereit, in meinem Notizbuch alles zu horten, was mir vor Augen kommt. Nicht lange, und wir nehmen in südlicher Nacht Kurs auf das Ende der Welt.

Wenn ich unter dem Kreuz des Südens auf das Wohl des verdammten Engländers trinke, der vor mir hier angekommen ist, trägt der Wind mir vielleicht das Echo zweier Pferde zu, auf denen zwei alte Gringos über den verschwommenen Küstenstreifen in ein Land galoppieren, das weit und voller Abenteuer ist und die armselige Grenze aufhebt, die den Tod vom Leben scheidet.

2

Vor der Einfahrt zum großen Fjord Aysén verringert die *El Colono* ihre Geschwindigkeit, um die Fünfundvierzig-Grad-Wendung vollziehen zu können, die es ihr ermöglicht, ins Innere Patagoniens einzudringen. Die Fahrt geht jetzt sehr langsam voran, wird beinah eintönig, so wie die Bewegungen der Lastwagenfahrer, die auf der Fähre reisen und Domino spielen, bitteren Mate trinken oder sich im Rückspiegel ihrer Fahrzeuge rasieren, um die Zeit totzuschlagen. Andere, die weder spielen noch sich feinmachen, überprüfen die Ladungen, vergewissern sich, daß die Säcke mit Knoblauch, Kartoffeln, Zwiebeln, Gemüse und allem, was in der endlos weiten Region, zu der sie unterwegs sind, weder wächst noch gedeiht noch hergestellt wird, sicher im Innern der Laster vertäut sind, die wie schlafende Tiere im Bauch eines rot-weißen Wals ruhen.

Es ist ein windstiller Morgen, nur eine leichte Brise deutet darauf hin, daß wir den Pazifik verlassen und in die stillen Gewässer des Fjords eindringen. Die Wasserfläche sieht wie eine Metallplatte aus, der die aufgehende Sonne silberne Blitze entreißt.

Auf der Kommandobrücke beobachten der Steuermann und zwei Offiziere aufmerksam den stillen Wasserweg. Den Seeleuten ist der Fjord mit Wellen lieber. Im bewegten Wasser erkennen sie die tückischen Sandbänke und scharfkantigen Riffe, die sich unter der Oberfläche verbergen. Nichts ist schlimmer als das unbewegte Meer, sagen die Schiffer des Südens. Wir fahren in südwestlicher Richtung, und wenn wir Glück haben, können wir an einem Ort namens Trapananda vor Anker gehen.

»Wie kommt man nach Trapananda?« frage ich einen der Lastwagenfahrer.

»Keine Ahnung. Vielleicht weiß es der Kapitän«, antwortet er, ohne seine Rasur zu unterbrechen.

Nein, der ist kein Patagonier.

»Wie kommt man nach Trapananda?« Ich lasse nicht locker und frage einen der Matetrinker.

»Mit Geduld, Landsmann. Mit viel Geduld«, antwortet er und schaut mich verschmitzt an.

»Ja, kein Zweifel; das ist ein Patagonier.

Trapananda. Im Jahr 1570 stellte der chilenische Gouverneur Don García Hurtado de Mendoza sehr zu seinem Leidwesen fest, daß die Gerüchte über große Gold- und Silbervorkommen südlich von La Frontera, in dem Gebiet, das vom Gipfel des Ñielol beherrscht wird und in dem die Mapuches, die Pehuenches und Tehuelches begonnen hatten, bewaffneten Widerstand zu leisten, der sich über mehr als vier Jahrhunderte hinziehen sollte – sie waren die ersten Guerrilleros Amerikas –, daß diese Gerüchte nichts anderes waren als eben Gerüchte, die jeder Grundlage entbehrten.

Don García Hurtado de Mendozas vorrangiges Interesse galt nicht den Edelmetallen. Er war Landwirt und hatte, wie viele spanische Eroberer vor ihm – unter ihnen Pedro de Valdivia –, befriedigt feststellen können, daß die landwirtschaftlichen Möglichkeiten des Landes nördlich vom Rio Bío Bío unerschöpflich waren. Dort wuchs alles. Man brauchte nur den Samen auszusäen, der fruchtbare Boden besorgte den Rest.

Sogar Wein gedieh. Auf den Ländereien des Bevollmächtigten Jerónimo de Urmeneta, zwanzig Meilen südlich von Santiago del Nuevo Extremo, wurden 1562 die ersten fünfzig Fässer chilenischen Weins abgefüllt. Eine schwere, kräftige, trockene Brühe, dunkel wie die Nacht. Ein guter Meßwein, aber noch besser zu trinken. Die Nachkommen des Bevollmächtigten führten den Weinbau weiter, und heute gilt der *Urmeneta del Valle del Maipo* als einer der besten Weine der Welt.

Es gab alles in diesem Land, aber Spanien forderte Gold und Silber. So beschloß Don García, den Gerüchten von goldenen und silbernen Schätzen noch einmal Glauben zu schenken.

Unter den Soldaten kursierte das Gerücht von einem geheimnisvollen Reich Tralalanda, Trapalanda oder Trapananda, in dem die Straßen der Städte mit Goldbarren gepflastert waren und die Haustüren sich in Angeln aus reinem Silber drehten. Einige behaupteten sogar, Trapalanda, Tralalanda oder Trapananda sei nichts anderes als die mythische verlorene Stadt der Cäsaren, eine Art südliches El Dorado. Den Gerüchten zufolge lag dieses märchenhafte Reich etwa tausendzweihundert Kilometer südlich von Reloncaví, der jungen chilenischen Hauptstadt, entfernt.

Don García rüstete daraufhin eine Expedition unter Leitung des Präfekten Arias Pardo Maldonado aus, mit dem Auftrag, das Reich Tralalanda, Trapalanda, Trapananda, oder wie zum Teufel es nun hieß, für Spanien zu erobern.

Noch kein Historiker hat herausgefunden, ob Arias Pardo Maldonado jemals einen Fuß in das Innere Patagoniens südlich von Reloncaví gesetzt hat; aber im *Archivo de Indias*, in Sevilla, kann man einige vom Präfekten abgefaßte Schriftstücke einsehen:

»Die Einwohner von Trapananda sind groß, unförmig und behaart. Sie haben so ungewöhnlich große Füße, daß ihr Gang langsam und unbeholfen ist und sie für die Musketiere eine leichte Beute sind.

Die von Trapananda haben so große Ohren, daß sie zum Schlafen weder Decken noch irgendwelche Kleidungsstücke brauchen, denn sie decken sich einfach mit ihren Ohren zu.

Die Leute von Trapananda stinken derart bestialisch, daß sie einander nicht ertragen, sich aus dem Weg gehen, sich nicht paaren, keine Nachkommen haben.«

Unwichtig, ob Arias Pardo Maldonado in Trapananda war oder nicht, ob er patagonischen Boden betrat oder nicht. Mit ihm nimmt unsere maßlose Einbildungskraft ihren Anfang, beginnt die phantastische Literatur, die auf dem amerikanischen Kontinent geschrieben wird, und das allein legitimiert seinen Status als historische Persönlichkeit.

Vielleicht war er in Patagonien und hat, von der Landschaft betört, jene Geschichten von ungeheuerlichen Wesen erfunden, um andere Forscher und Eroberer fernzuhalten. Falls dies seine Absicht gewesen ist, können wir ihm bestätigen, daß er sein Ziel erreicht hat, denn der chilenische Teil Patagoniens bewahrte seine Unschuld bis zum Beginn dieses Jahrhunderts, als seine Besiedlung begann.

Wir sind etwa fünf Meilen landeinwärts gefahren, als die *El Colono* ein weiteres Mal ihre Geschwindigkeit drosselt. Mit anderen Passagieren gehe ich zur Reling an der Steuerbordseite, um zu sehen, was los ist. Mit etwas Glück kann man hier immer noch auftauchende Wale oder eine Delphinschule beobachten. Doch diesmal handelt es sich nicht um Meeressäuger, sondern um ein kleineres Wasserfahrzeug, das im Näherkommen allmählich Gestalt annimmt.

Es ist ein Boot, wie es die Leute auf Chiloé verwenden: etwa acht Meter in der Länge und drei in der Breite, angetrieben allein vom Wind, der das einzige Segel bläht. Ich sehe es herankommen und weiß, daß dieses zerbrechliche Schiff zu jenen Dingen der südlichen Welt gehört, deren Ruf ich gefolgt bin.

›Wer wagt, wird satt‹, sagen die Chiloten. Dieser, den ich hier vorübersegeln sehe, im Bootsheck sitzend, die Ruderpinne fest in der Hand, als wäre sie eine Verlängerung seines Körpers, die durch die Hecköffnung bis ins Wasser reicht, ist ein Chilote, der »gewagt« hat, Eichen, Lärchen, Pappeln, Eukalyptus- und Teakholzbäume zu formen, der jahrelang ihr Wachstum bestimmt hat, indem er Steine von unterschiedlichem Gewicht an ihre Äste hängte, bis sie stark genug und so gebogen waren, daß sie eine widerstandsfähige, elastische Krone bildeten. Ich sehe ihn dahinsegeln und dankend herüberwinken, weil der Kapitän Befehl gegeben hat, die Geschwindigkeit der *El Colono* zu drosseln, damit die Bugwellen das Boot nicht in Gefahr bringen. Er kreuzt jetzt durch den großen Fjord, und ich weiß, daß er auch den Corcovado, den gefürchteten Golf von Penas, die Kanäle von Messier und Indio, die Magellanstraße und das offene Meer befährt, ohne Radar, ohne Funk, ohne Navigationsinstrument, ohne Hilfsmotor, allein mit seinen Kenntnissen des Meeres und der Winde.

Dieser Vagabund der Meere ist mein Bruder, der mir den ersten Gruß aus Patagonien schickt.

3

Ladislao Eznaola und seine jüngeren Brüder Iñaqui und Agustín errichteten das Haupthaus ihrer Estanzia an der Nordküste eines Sees, der in Chile General Carrera und auf argentinischer Seite Buenos Aires heißt. Auf den sechstausend Hektar Land, die zur Estanzia gehören, stehen an die tausend Rinder und fünftausend Schafe. Die Eznaolas leben von der Viehzucht und vom Handel mit Waren, die aus dem Norden Chiles auf dem Seeweg herangebracht werden und die sie mit ihren robusten *pick-ups*, geräumigen Pritschenwagen mit großer Ladefläche, zu den beiden Fährkähnen transportieren, die sie auf dem See liegen haben.

Die Einwohner von Perito Moreno und anderen Ortschaften im argentinischen Patagonien sehen den Booten der Eznaolas stets mit großer Erleichterung entgegen, vor allem im Winter, wenn alle Wege unpassierbar geworden sind und sie von Puerto Deseado oder Comodoro Rivadavia an der Atlantikküste nicht mehr versorgt werden können.

Ladislao begrüßt mich mit einer herzlichen Umarmung, und ich frage ihn nach seinem Vater, dem legendären alten Eznaola.

»Er lebt immer noch in seiner Welt. Der ändert sich nicht mehr. Der Alte ändert sich nie. Er ist schon zweiundachtzig geworden«, sagt er in belustigtem, aber auch ein wenig besorgtem Ton.

Seine Welt, das ist die Schiffahrt. Der alte Eznaola ist ein Seevagabund, wie die von Chiloé, aber auf seine Weise. Er befährt die Kanäle auf der Suche nach einem Geisterschiff, das sowohl die *Caleuche*, eine Südmeerversion des Fliegenden Holländers, als auch die *Cacafuego* sein könnte, ein englisches Seeräuberschiff, dazu verdammt, ewig durch die Küstenkanäle zu fahren, ohne je das offene Meer zu erreichen. Dieser Fluch liegt auf dem Schiff, weil die Besatzung gemeutert und zwei Kapitäne ermordet hat. Er währt nun schon über vierhundert Jahre, und der alte Eznaola ist der Ansicht, daß die Unglücklichen genug gelitten haben. Darum fährt er auf seinem mit Amnesty-Wimpeln geschmückten Kutter die Wasserwege ab. Er sucht das Schiff, um es wie ein Lotse in die große Freiheit des Meeres hinauszuführen.

»Bedienen Sie sich. Gönnen Sie sich was Gutes«, sagt Marta,

Ladislaos Frau, und stellt mir einen Teller mit zwei Empanadas hin.

Ich begrüße die Frauen der Estanzia. Marta ist Tierärztin; Isabel, die Frau von Iñaqui, ist Lehrerin und unterrichtet die neue Generation der Eznaolas und die übrigen Kinder der Estanzia. Flor, die Frau von Agustín, ist eine Legende in Patagonien. Sie arbeitete als Krankenschwester im Krankenhaus von Rio Mayo, in Argentinien. Agustín war unsterblich in sie verliebt, hatte sich aber nie getraut, ihr seine Gefühle zu offenbaren. Er sah sie nur einmal im Jahr, und nach jedem Besuch wuchs seine Liebe, bis sie seine Brust zu sprengen drohte. Eines Tages kam ihm zu Ohren, daß Flor einen Bankangestellten heiraten würde. Er kletterte in seinen *pick-up*, nahm seine Gitarre mit und bat seine Brüder und Schwägerinnen, das Haus zu schmücken, denn er werde mit der Frau seiner Träume zurückkehren.

Am Tag der Hochzeit, einem Sonntag, traf er in Rio Mayo ein und wartete in der Kirche auf die Frau, die er liebte, mit der Gitarre im Arm. Flor kam im Brautkleid, in Begleitung ihrer Eltern. Der Bräutigam würde nicht lange auf sich warten lassen. Agustín bat sie, ihn anzuhören und nichts zu sagen, bis der Bräutigam einträfe. Dann ließ er seine Gitarre erklingen und brachte Verse zu Gehör, in denen er seine Liebe mit der ganzen Schönheit der Poesie aussprach und mit dem ganzen Schmerz desjenigen, der sie liebte und immer lieben würde, über den Tod hinaus. Als der Bräutigam erschien, wollte er den Sänger unterbrechen, doch Flor und die Einwohner von Rio Mayo hinderten ihn daran. Zwei Stunden lang sang Agustín, und am Ende, als er sich anschickte, seine Gitarre zu zertrümmern, damit niemand sich an seinen Liebesliedern versündigen könne, nahm Flor ihn bei der Hand, führte ihn zu seinem *pick-up*, und gemeinsam fuhren sie zur Estanzia zurück. Flor kam als Braut gekleidet, und Agustín, der einer der besten Stegreifsänger der Gegend ist, nennt sie seitdem »meine weiße Muse«.

»Und Don Baldo Araya?« frage ich unruhig, weil ich einen meiner besten Freunde aus Patagonien nicht sehe.

»Der kommt gleich mit den Leuten vom Radio. Alle übrigen sind da. Komm, ich stelle sie dir vor«, fordert Ladislao mich auf.

»Santos Gamboa aus Rio Mayo.«

»Wird in Rio Mayo immer noch Musik gespielt?« frage ich ihn.

Der Gaucho kratzt sich im Nacken, bevor er bejaht.

Rio Mayo ist eine kleine Stadt im argentinischen Patagonien, durch die unablässig eine steife Brise vom Atlantik weht, die auf ihrem Weg durch die Pampa Sauerdorngestrüpp, Hartgrasbüschel und Tonnen von Staub vor sich hertreibt. Normalerweise verschwinden in Rio Mayo die Bürgersteige an den Straßenkreuzungen unter einer dicken Staubschicht.

1977, zur Zeit der argentinischen Militärdiktatur, hatte ein Oberst des Schützenregiments Chubut eine geniale Idee – militärischer Art, versteht sich –, um konspirative Treffen auf den Straßen von Rio Mayo zu verhindern. Er ließ an jeder Straßenecke an den Laternenpfählen Lautsprecher anbringen, aus denen die Stadt von sieben Uhr morgens bis sieben Uhr abends mit Marschmusik bombardiert wurde. Als Argentinien dem Verein der Nationen mit Demokratie auf Ehrenwort beitrat, ließen die neuen Regierenden die Lautsprecher hängen, um keine Schwierigkeiten mit den Militärs zu bekommen, und so waren die Einwohner von Rio Mayo weiterhin einem zwölfstündigen Dezibelbombardement ausgesetzt. Seit 1977 vermeiden es die Vögel Patagoniens, die Stadt zu überfliegen, und die Mehrzahl der Bewohner leidet unter Hörschäden.

»Lorenzo Urriola aus Perito Moreno. Carlos Hainz aus Coyhaique. Marcos Santelices aus Chile Chico. Isidoro Cruz aus Las Heras«, stellt Ladislao weiter vor.

»Es ist schon spät. Ich glaube, wir sollten anfangen. Baldo und die Leute vom Radio werden den ersten Teil wohl verpassen«, sagt Iñaqui, während er mir eine ausgehöhlte Melone reicht, in die man einen perlenden Weißwein gefüllt hat.

Knechte bringen den ersten Schafbock, und dann beginnt der »Verschnitt«, die Kastration der Tiere, die für die Zucht ungeeignet sind und deren einzige Lebensaufgabe darin besteht, Gewicht zuzulegen und Fleisch zu produzieren.

Den ersten Schafbock nimmt sich Marcos Santelices vor. Zwei Helfer werfen das Tier rücklings auf einen Tisch und halten die Hinterbeine auseinander. Nun kann Santelices, der erst prüfend über die Klinge seines Gauchomessers mit dem Silbergriff gefahren ist, dem erschreckten Tier den weichen Flaum abrasieren, der seine Hoden bedeckt. Als die Haut in blankem Rosa scheint, stößt Santelices das Messer in die Tischplatte und senkt seinen Kopf zwischen die Schenkel des Tieres. Mit einer Hand umfaßt er zart die Hoden, während er mit der anderen nach den Adern in der Haut des Hodensacks sucht. Als er sie gefunden hat, drückt er kräftig zu, um den Blutfluß zu unterbrechen, und zerreißt den Hautsack mit seinen Zähnen.

Keiner der Anwesenden hat mitbekommen, wann die Hoden des Tieres in Santelices Mund landen, doch gleich darauf sehen wir ihn ein paar Schritte zurücktreten und sie in ein Becken spucken, während die Helfer den leeren Hautbeutel zunähen, damit es zu keiner Blutung kommt. Alle applaudieren dem Gaucho aus Chile Chico. Ein »zahnkastrierter« Hammel darf nicht einen Tropfen Blut verlieren.

Ein Dutzend Tiere ist wohl mit den Zähnen der Kastrierer in Berührung gekommen, und wir verspeisen gerade die köstlichen gebratenen Hammelhoden, als wir den Jeep ankommen sehen, der die Aufschrift RADIO SCHNEESTURM, DIE STIMME PATAGONIENS trägt.

Als ersten sehe ich Baldo Araya aussteigen, den trotzigen Mittelschullehrer aus Coyhaique und Historiker Patagoniens, der sich während der düsteren Jahre der chilenischen Militärdiktatur weigerte, die Strophen der Nationalhymne zu singen, die die Gorillas ihr angehängt hatten. Jeden Morgen intonierten Schüler und Lehrer das verhaßte »Eure Namen, tapfere Soldaten, die Ihr Chiles Stütze wart ...«, alle sangen, nur Baldo Araya nicht, er blieb stumm. Er wurde geschlagen und wegen Mißachtung der Autorität mehrere Monate eingesperrt, aber seinen Willen brachen sie dadurch nicht. Schließlich wollten sie ihn von der Schule verweisen, doch da lag eines Morgens vor dem Tor des Regiments Baquedano einer der Wachhunde mit durchschnittener Kehle und einem Zettel im Maul: »Ihr Schwachköpfe. Merkt ihr nicht, daß wir euch umzingelt haben? Ihr in der Kaserne, wir draußen davor. Laßt Baldo Araya in Frieden.«

Sie entließen ihn nicht, zahlten ihm jedoch kein Gehalt mehr. Baldo störte das kaum, er unterrichtete weiter Weltgeschichte. Vierzehn Jahre lang lebte er von der unermüdlichen Solidarität der Patagonier. Es fehlte ihm niemals an einem Fäßchen Wein, an den

Hühnern, die die braunen Eier legen, und an einem Stück Fleisch für den Sonntagsbraten.

»Ich habe es mir mit einem Volksstipendium gutgehen lassen«, sagte Baldo abschließend, als er mir vor ein paar Jahren seine Geschichte erzählte.

Einer der Männer aus dem Jeep ist Jorge Díaz, Sprecher, Direktor, Programmchef, Redakteur, Diskjockey und Techniker von Radio Schneesturm. Jorge Díaz, von Beruf Sportreporter, Lastwagenfahrer, Fischkutterkapitän, Bergmann und Tangosänger, kam 1972 auf die Idee, einen Radiosender zu gründen, der anders sein sollte als jene, die mit ihren Kurzwellen bis in den Süden der Welt gelangten. Es sollte ein Sender sein, der jenen Leuten zugute kam, die – vor allem in den langen Wintern – ohne Straßen, ohne Telefon und ohne Postdienst von der Außenwelt abgeschnitten waren. Mit seinen Ersparnissen und denen einiger Freunde kaufte er die notwendigen Geräte aus zweiter Hand, installierte sie, erhielt eine Lizenz für eine Frequenz und begann auf Langwelle zu senden.

Hier Patagonien, ein Programm von zwei Stunden Dauer, entwickelte sich rasch zum beliebtesten Radioprogramm der Region. In ihm wurden nützliche Hinweise und Aufrufe gesendet: »Der Familie Morán am Cochrane-See wird mitgeteilt, daß Don Evaristo unterwegs ist. Man soll ihn mit frischen Pferden erwarten, er transportiert schwere Lasten und hat Freunde dabei«; oder: »Familie Braun, vom Elizalde-See, lädt anläßlich der Hochzeit ihres ältesten Sohnes Octavio Braun mit Señorita Faumelinda Brautigam alle Bewohner der Gegend sowie all jene, die dieses Programm hören, zu einem Fest ein. Es finden Truco- und Tabaturniere, Wettkämpfe im Zureiten von Pferden statt, und es gibt am Spieß gebratene Hammel, Affen und Rinder. Abends Vortrag der Gedichte von Santos de la Roca, dem Stegreifsänger aus Río Gallegos. Bitte Zelte zum Übernachten mitbringen. Das Fest dauert eine Woche . . .«

Mit dem Beginn der Diktatur wurden 1976 politische Dissidenten in die Verbannung nach Patagonien geschickt. Die Briefe, die die Verbannten erhielten oder an ihre Angehörigen schickten, mußten vorher die Zensur der Militärs passieren, die in der Regel darin bestand, sie zu vernichten. Daraufhin begann Radio Schneesturm, die Stimme Patagoniens, Nachrichten über Kurzwelle zu senden, und die Verbannten konnten nicht nur Verbindung mit ihren Familien aufnehmen, sondern gestalteten ein eigenes Programm mit politischen Zustandsberichten und Analysen. Nach wenigen Monaten wurde Radio Schneesturm sogar im fast viertausend Kilometer entfernten Arica, an der peruanischen Grenze gehört.

Die Antwort der Militärs ließ nicht lange auf sich warten. Eines Nachts, während der Ausgangssperre, wurde der Sendemast von »unbekannten Tätern« in die Luft gesprengt. Die Antwort der Patagonier ließ ebensowenig auf sich warten: Jorge Díaz bekam die längsten und schlankesten Eukalyptusstämme angeliefert, damit er seine Antenne aufrichten konnte, so oft es erforderlich sein sollte. Und er sendete weiter. Er sendet immer noch. Er wird auch nicht aufhören damit.

Ladislao Eznaola bittet um Ruhe, indem er mit seinem Gauchomesser an den Grill schlägt.

»Landsleute, wie es Tradition auf unserer Estanzia ist, wollen wir jetzt den achtzehnten patagonischen Lügenwettbewerb eröffnen. Alle Lügengeschichten, die hier erzählt werden, wird Radio Schneesturm später senden. Jorge Díaz wird sie aufnehmen, also keine Angst vor dem Mikrofon. Wie bei den vorangegangenen Wettbewerben gibt es auch diesmal als Preis für den Gewinner eine junge Holstein-Kuh.«

Gibt es auf der Welt wohl ein vergleichbares Turnier wie dieses Schwindelturnier?

Isidoro Cruz aus Las Heras, in der Provinz Chubut, gönnt sich einen großen Schluck Wein, ehe er beginnt.

»Was ich euch zu erzählen habe, geschah vor einiger Zeit, in dem härtesten Winter seit Jahren, ihr erinnert euch sicher daran. Ich war arm und abgemagert, so klapperdürr, daß ich nicht mal einen Schatten warf, so dünn, daß ich keinen Poncho mehr tragen konnte, denn sobald ich den Kopf durch das Loch steckte, rutschte mir der Poncho bis auf die Füße. Eines Morgens sagte ich zu mir: ›Isidoro, so geht das nicht weiter, versuch es mal lieber in Chile.‹ Mein Pferd war ebenso klapperdürr wie ich, und bevor ich aufsaß, fragte ich es: ›Che, du alter Klepper, meinst du, du kannst mich tragen?‹ Es antwortete mir: ›Ja, aber ohne Sattel. Klemm dich zwischen meine Rippen.‹ Ich folgte dem Rat des Pferdes, und so machten wir uns auf den Weg über die Berge. Wir hatten schon fast die Grenze zu Chile erreicht, da vernahm ich ganz in der Nähe ein schwaches, ein sehr schwaches Stimmchen, das sagte: ›Ich kann nicht mehr, ich bleibe hier.‹ Erschrocken blickte ich mich nach allen Seiten um, konnte aber den Besitzer des Stimmchens nirgends entdecken. Ich sprach in die Einsamkeit hinein: ›Ich sehe dich nicht. Zeig dich.‹ Wieder war das schwache Stimmchen zu hören: ›Unter deiner linken Achsel. Ich sitze in deiner linken Achselhöhle.‹ Ich griff mit der Hand dahin und ertastete etwas in den Hautfalten meiner Achselhöhle. Als ich meine Hand hervorzog, sah ich eine Laus, die sich an meinem Finger festkrallte; eine Laus, die so vom Fleisch gefallen war, wie mein Pferd und ich es waren. Arme Laus, dachte ich und fragte sie, wie lange sie schon auf meinem Körper lebte. ›Viele Jahre schon, viele Jahre. Aber jetzt müssen wir uns trennen. Ich wiege zwar nicht mal ein Gramm, aber ich bin doch eine unnütze Last für dich und dein Pferd. Setz mich auf die Erde, mein Freund.‹ Ich sah ein, daß die Laus recht hatte, und setzte sie unter einem Stein ab, gut versteckt, damit sie nicht von irgendeinem Vogel aus den Bergen gefressen wurde. ›Wenn ich es in Chile zu was bringe, hole ich dich auf dem Rückweg hier ab, und dann kannst du mich aussaugen, so lange du willst‹, sagte ich ihr zum Abschied.

In Chile erging es mir gut. Ich nahm zu, auch mein Pferd wurde dicker, und als wir uns nach einem Jahr mit Geld in den Taschen, einem Sattel und neuen Sporen auf den Heimweg machten, suchte ich nach der Laus, dort, wo ich sie zurückgelassen hatte. Ich fand sie. Sie war noch weiter abgemagert, fast durchsichtig, und konnte sich kaum noch bewegen. ›Da bin ich wieder, du arme Laus. Komm und sauge dich an mir voll, soviel du nur kannst‹, sagte ich und steckte sie unter meine linke Achsel. Die Laus biß mich, vorsichtig zuerst, dann fester und richtig blutdürstig. Plötzlich fing die Laus an zu lachen, ich lachte auch, und von meinem Lachen wurde das Pferd angesteckt. Lachend ritten wir über die Berge, trunken vor Glückseligkeit, und seitdem heißt der Paß dort oben ›Paß der Freude‹. Das alles passierte, wie gesagt, vor einiger Zeit, in dem härtesten Winter seit Jahren ...«

Isidoro Cruz beschließt seine Schwindelgeschichte mit ernstem Gesicht. Die Gauchos prüfen die Erzählung, werten das Thema, kommen zu dem Schluß, daß es eine hübsche Schwindelgeschichte ist, die sie bestimmt nicht vergessen werden, sie applaudieren, trinken, und dann kommt die Reihe an Carlos Hainz, einen flachshaarigen Gaucho aus Coyhaique.

Als die Nacht hereinbricht, sitzen die Gauchos immer noch am Feuer und erzählen sich ihre Lügenmärchen. Knechte drehen zwei Hammel am Spieß. Die Frauen der Estanzia rufen zum Essen. Baldo Araya und ich entschließen uns zu einem kurzen Gang in die Brombeeren.

Als wir dort unser Wasser abschlagen, hebe ich den Kopf und schaue zum Himmel hinauf, der mit Sternen, mit Tausenden von Sternen übersät ist.

»Hübsch geschwindelt, das mit der Laus«, sagt Baldo.

»Und dieser Himmel? Und all die Sterne, Baldo? Ist das auch so ein patagonischer Schwindel?«

»Und wenn schon. In Patagonien schwindeln wir, wenn wir glücklich sein wollen. Aber keiner von uns verwechselt Lügen mit Betrügen.«

4

Los Antiguos ist eine kleine Grenzstadt am südlichen Ufer des Lago Buenos Aires im argentinischen Teil Patagoniens. Die sanft geschwungenen Hügel des Seeufers geben schmerzlich Zeugnis von einer ehemaligen Größe, die heute nur noch Erinnerung ist. Da sind die Reste Tausender gefallener Giganten, die Spuren von dreihunderttausend Hektar verbranntem Wald, der von den Flammen zerstört wurde, um Platz für das von den Viehzüchtern benötigte Weideland zu schaffen. Da liegen Baumtorsos, die mit ihrem Durchmesser die Größe eines Menschen übertreffen.

Der Forstingenieur Pablo Casorla lebt und arbeitet in Los Antiguos, um eine Bestandsaufnahme des verbliebenen Waldreichtums zu machen. Sein Traum ist ein von der UNESCO geschütztes Forstreservat, so etwas wie ein grünes Erbe der Menschheit, das zukünftigen Generationen erlaubt, davon zu träumen, wie es in jener Region ausgesehen hat, bevor der zweifelhafte Fortschritt kam. Ich sehe ihn vom Pferd absteigen und einen Baumstamm untersuchen.

»Dieser Baum war zwischen achthundert und tausend Jahre alt. Er dürfte an die siebzig Meter hoch gewesen sein«, sagt er in einem Ton, der seine Niedergeschlagenheit nicht zu verbergen sucht.

»Weißt du, wann er verbrannt worden ist?«

»Vor dreißig Jahren ungefähr.«

Dreißig Jahre. Ein erst kürzlich Verstorbener. Dreißig Jahre sind nur ein Atemzug, gemessen an dem Alter jener gefallenen Riesen um uns herum, die noch die Wunden aufweisen, die das Feuer ihnen geschlagen hat.

»Sind wir bald da?« frage ich.

»Ja. Da vorn ist die Hütte«, antwortet er und deutet auf ein Blockhaus in einiger Entfernung.

Als wir näher kommen, erkenne ich, wie solide die Stämme, aus denen es gebaut wurde, ineinandergefügt sind. Es hat keine Tür, und aus den Fensterrahmen starren leere Höhlen. Ohne abzusteigen, reiten wir mit den Pferden in einen großen Raum hinein, in dessen Seitenwand ein Kamin gemauert ist. Ein paar wiederkäuende Kühe lassen sich nicht stören, richten nur ihre großen Augen auf uns, als sei es ihr Los, mit ihrer Gleichgültigkeit den Fremden zu strafen, der es wagt, ihr Clubhaus zu betreten. Aus Achtung vor den Kühen steigen wir ab.

»Die Hütte wurde 1913 erbaut. Diese Typen waren verdammt gute Zimmerleute. Sieh dir an, wie perfekt die Stämme verarbeitet sind«, sagt Pablo Casorla.

Es stimmt. Die schwarzangelaufenen Balken, auf denen das Dach ruht, lassen die millimetergenaue Arbeit von Händen erkennen, die im Umgang mit Hobel und Beitel, in der Kunst des präzisen Einfügens geübt sind.

Die Erbauer der Hütte nannten sich Don Pedro und Don José, doch heute weiß man, daß es sich um Butch Cassidy und Sundance Kid handelte. Sie bauten mehrere Blockhütten am südlichen Ende der Welt, und die bekannteste ist die in der Umgebung von Cholila, einer Region tausendjähriger Wälder, die sich heute Nationalpark

Los Alerces nennt. Die derzeitige Besitzerin der Hütte ist eine Chilenin, Doña Hermelinda Sepúlveda, die Bruce Chatwin beherbergte, als er diese Gegend bereiste, und die ihn mit einer ihrer Töchter verheiraten wollte, die dann jedoch dem Liebeswerben eines Lastwagenfahrers erlag.

»Butch Cassidy und Sundance Kid haben etwas länger als zwei Jahre hier gewohnt, dann sind sie weiter nach Süden gezogen, in die Nähe von Fort Bulnes, an der Magellanstraße. Von dort aus haben sie ihren letzten großen Überfall geplant, den auf die Bank von London und Tarapacá, in Punta Arenas. Ich wünschte, sie würden noch leben«, seufzt Pablo Casorla.

»Noch leben? Sie wären über hundert Jahre alt.«

»Na und? Wer als Katze geboren wird, läßt das Mausen nicht. Wenn die beiden noch lebten, würde ich ein paar Banküberfälle mit ihnen machen. Mit der Beute könnten wir halb Patagonien kaufen. Ein Jammer, daß sie tot sind«, seufzt Pablo noch einmal; und unter den verdrießlichen Blicken der Kühe trinken wir auf das Wohl dieser beiden Banditen, die von einem chilenischen Polizisten erschossen wurden, nachdem sie die Banken im Südzipfel der Welt überfallen hatten und mit der Beute ebenso herrliche wie unmögliche anarchistische Revolutionen finanzierten.

5

Mitte März werden die Tage kürzer, und von der Magellanstraße her wehen die Stürme des Atlantiks. Die Einwohner von Porvenir überprüfen dann ihre Brennholzvorräte und beobachten wehmütig den Flug der Trappen, die von Feuerland nach Patagonien ziehen.

Ich hatte vor, nach Ushuaia zu fahren, doch man sagt mir, daß die letzten Regenfälle die Straßen an mehreren Stellen unpassierbar gemacht haben und daß sie erst im Frühjahr ausgebessert werden. Was soll's. Es ist absurd, in dieser Gegend feste Pläne zu haben. Außerdem bin ich gut aufgehoben im *El Austral*, einer Bar für Seeleute, die für ihren Hammelschmorbraten berühmt ist. Magellan-

Hammel mit dem Aroma von Gewürznelken, die sich im Herzen der Zwiebeln verbergen, mit denen er garniert ist.

Etwa ein Dutzend Gäste harrt erwartungsvoll der Aufforderung der Besitzerin, sich zu Tisch zu begeben. Bei einem Glas Wein lassen wir uns von den Düften betören, die aus der Küche hereindringen. Es ist eine Art liturgischer Erwartung, die uns den Mund wäßrig macht.

Am Ende des Tresens unterhalten sich drei Männer. Sie sprechen ein sehr britisches Englisch, während sie sich einen Gin nach dem anderen hinter die Binde gießen. Dieses Getränk wird in Feuerland nicht sehr geschätzt und findet eher als Aftershave Verwendung. Einer der Männer fragt auf spanisch, ob es noch lange dauert, bis das Essen fertig ist.

»Das kann man nicht sagen. Jeder Hammel ist verschieden, genau wie die Menschen«, antwortet die Besitzerin, Doña Sonja Maríncovich, einen Meter achtzig groß und neunzig Kilo schwer, gut verteilt unter ihrem schwarzen Kleid, ein slawischer Koloß.

»Wir haben wenig Zeit«, beharrt der Engländer.

»Zeit ist das einzige, was wir hier im Überfluß haben«, bemerkt einer der Gäste.

»Wir müssen aber noch bei Tageslicht in See stechen. Verstehen Sie?«

»Verstehe. Wohin wollen Sie denn? Ich frage, weil heute nachmittag ein hundsgemeiner Sturm aufkommen soll.«

»Wir fahren in die Raúl-Bucht.«

»Sie meinen in die Inzest-Bucht«, korrigiert ihn der Gast.

Der Mann schlägt mit der Faust auf den Tresen, wirft ein paar Geldscheine hin und verläßt, auf englisch fluchend, mit seinen Begleitern das Lokal.

Ich setze mich zu dem Gast, der mit dem wütenden Engländer gesprochen hat.

»Er war offenbar beleidigt. Was hat es denn mit der Inzest-Bucht auf sich?«

»Geschichten, nichts weiter. Aber die Engländer haben keinen Sinn für Humor. Idioten. Jetzt haben sie den Schmorbraten verpaßt. Sie kennen die Geschichte nicht?«

Ich verneine, und er wirft Doña Sonja einen Blick zu. Die Frau am Herd nickt zustimmend.

»Das war so: 1935 lief ein englischer Dampfer im Beagle-Kanal auf Grund, und die einzigen Überlebenden waren anscheinend ein englischer Missionar und seine Schwester. Die beiden Schiffbrüchigen hätten nach Osten gehen können, dann wären sie nach einer Woche in Ushuaia gewesen. Da sie aber keinen Orientierungssinn hatten, gingen sie nach Norden. Sie liefen an die achtzig Kilometer durch die Urwälder, überquerten Flüsse und Berge, und nach vier Monaten erreichten sie schließlich die Meeresbucht, die früher Raúl hieß, an der Südküste von Almirantazgo. Dort wurden sie von Tehuelche-Indios aufgegriffen, die sie nach Porvenir brachten. Das ist die ganze Geschichte.«

»Und warum heißt sie heute Inzest-Bucht?«

»Weil die Frau schwanger war, als sie dort ankam. Geschwängert von ihrem Bruder.«

»Zu Tisch, das Essen ist fertig«, verkündet Doña Sonja, und wir widmen uns mit Leib und Seele dem ausgezeichneten Hammelschmorbraten, den die Engländer wegen ihrer Übellaunigkeit verpaßt hatten.

6

Nördlich von Manantiales, einem Erdöldepot auf Feuerland, stehen die zwölf oder fünfzehn Häuser einer Fischersiedlung, die, weil sie direkt an der ersten Meerenge der Magellanstraße liegt, den Namen Angostura trägt, was Engpaß bedeutet. Die Häuser sind nur während des kurzen feuerländischen Sommers bewohnt. Bricht erst der Herbst an, der schnell in den langen Winter übergeht, sind sie nur noch ein Orientierungspunkt auf der Landkarte.

Angostura hat keinen Friedhof, sondern nur ein kleines Grab mit einem weißen Kreuz am Meer. In ihm ruht Panchito Barría, ein Junge, der im Alter von zwölf Jahren starb. Gelebt und gestorben wird überall – wie es in dem Tango ›Sterben ist eine Gewohnheit‹ heißt –, aber Panchitos Fall ist von besonderer Tragik, denn der Junge starb aus Trauer.

Im Alter von drei Jahren machte die Kinderlähmung Panchito zum Krüppel. Seine Eltern, Fischer aus San Gregorio in Patagonien, fuhren jedes Jahr über die Meerenge und ließen sich während des Sommers in Angostura nieder. Der Junge begleitete sie; ein liebenswertes Häufchen Mensch, auf Decken gelagert, den Blick aufs Meer gerichtet.

Bis zu seinem fünften Lebensjahr war Panchito Barría ein trauriges, menschenscheues Kind, das fast kein Wort sprechen konnte. Eines Tages jedoch geschah eines dieser Wunder, wie sie am südlichen Ende der Welt nicht ungewöhnlich sind: Auf ihrem Weg vom Atlantik in den Pazifik tauchte vor den Häusern von Angostura eine Schule von zwanzig oder mehr Südmeerdelphinen auf.

Die Bewohner, die mir Panchitos Geschichte erzählten, versicherten, daß der Junge die Delphine kaum gesehen hatte, als er einen markerschütternden Schrei ausstieß, und daß, je weiter sich die Delphine entfernten, die Schreie des Jungen um so lauter und immer untröstlicher wurden. Als die Delphine schließlich verschwanden, löste sich aus der Kehle des Jungen ein letzter gellender Schrei, ein unglaublich hoher Ton, der die Fischer alarmierte und die Kormorane aufscheuchte, einen der Delphine aber zurückkehren ließ.

Der Delphin näherte sich dem Ufer und begann im Wasser zu springen. Panchito ermunterte ihn mit den spitzen Tönen, die sich seiner Kehle entrangen. Alle, die das sahen, erkannten, daß zwischen dem Kind und dem Meeressäuger eine Brücke der Verständigung hergestellt war, die keiner Erklärung bedurfte. Sie existierte, weil das Leben nun einmal so ist. Punktum.

Der Delphin blieb während des ganzen Sommers vor Angostura. Und als der Winter kam und ihm befahl, die Gegend zu verlassen, da stellten Panchitos Eltern und die übrigen Fischer erstaunt fest, daß der Junge darüber nicht im geringsten traurig war. Mit ungewöhnlichem Ernst für seine fünf Jahre erklärte er, sein Freund, der Delphin, müsse nun fort, sonst werde er im Eis gefangen, aber im nächsten Jahr kehre er zurück.

Und der Delphin kam zurück.

Panchito veränderte sich, er wurde ein gesprächiges, fröhliches Kind, das sogar über sein Krüppeldasein scherzen konnte. Er war wie verwandelt. Sechs Sommer lang spielte er mit dem Delphin.

Panchito lernte Lesen und Schreiben und malte seinen Freund, den Delphin. Er half, wie die anderen Kinder, beim Flicken der Netze, präparierte Ballast, trocknete Krabben und Muscheln, stets mit dem Delphin an seiner Seite, der im Wasser sprang und für ihn allein die tollsten Kunststücke vollführte.

Im Sommer des Jahres 1990 erschien der Delphin eines Morgens nicht zum täglichen Treff. Besorgt machten sich die Fischer auf die Suche, kämmten die ganze Magellanstraße durch. Sie fanden ihn nicht, wohl aber trafen sie in der Nähe der zweiten Meerenge auf ein russisches Fangschiff, das Schlachthaus der Meere.

Zwei Monate später starb Panchito Barría aus Trauer. Er verstarb ohne eine Träne, ohne jeden Klagelaut.

Ich besuchte sein Grab und schaute von dort über das Meer, das graue, vom nahenden Winter bewegte Meer, in dem bis vor kurzem noch die Delphine tollten.

7

Der Typ, der mir gegenübersitzt, mir einen ausgehöhlten Kürbis mit Mate reicht und gleich darauf wieder im Feuer stochert, heißt Carlos und ist mein bester und ältester Freund. Er hat auch einen Nachnamen, aber er will ihn nicht erwähnt wissen, sollte ich über das, was er mir an diesem regnerischen Nachmittag erzählt, irgendwann einmal schreiben.

»Carlos, sonst nichts«, beharrt er, während er ein paar Scheiben luftgetrockneten Pferdefleisches abschneidet, die zusammen mit dem Mate phantastisch schmecken.

»In Ordnung, Carlos, sonst nichts«, entgegne ich und höre den Regen heftiger auf das Dach des Hangars klatschen, in dem wir es uns an einem Feuer gemütlich machen.

Schon als Kind interessierte sich Carlos Sonst Nichts nur für eine Sache im Leben: Fliegen. Er las Flieger-Comics, seine Helden waren Malraux, Saint-Exupéry und von Richthofen, der Rote Baron. Er ging ins Kino, um Fliegerfilme zu sehen, sammelte Modellflugzeuge, und mit fünfzehn kannte er jedes Teil der Maschine in- und auswendig.

Mit siebzehn, an einem Strandtag in Valparaíso, teilte er seinen Entschluß der Familie mit.

»Ich werde Pilot. Ich habe mich in der Fliegerschule angemeldet.«

»Da wirst du Soldat, du Narr. Die Fliegerschule gehört zur Luftwaffe.« Der Einspruch wurde in freundlichstem Ton vorgebracht.

»Nein. Ich habe einen Plan, wie ich das vermeiden kann.«

»Tatsächlich. Und dürften wir erfahren, welchen Ärger du dir da einzuhandeln gedenkst?«

»Ganz einfach: Sobald ich gelernt habe, ein Flugzeug zu fliegen, desertiere ich.«

Er lernte, kleinere Flugzeuge und Helikopter zu fliegen, aber er brauchte nicht zu desertieren. Als 1973 die Diktatur an die Macht kam, wurde Carlos Sonst Nichts wegen seiner sozialistischen Ideen aus der Luftwaffe entfernt.

Wenn Chilenen ein großes Wohlbehagen ausdrücken wollen, sagen sie: »Ich bin glücklicher als ein Hund mit Flöhen.« Carlos Sonst Nichts sagte damals: »Ich bin glücklicher als ein Kondor mit Flöhen.«

Und wo versucht ein stellungsloser Pilot sein Glück? Im Süden der Welt natürlich. Carlos Sonst Nichts machte sich auf den Weg nach Patagonien. Er wußte, daß es dort unten ein paar Piloten gab, die in jener von der Zentralbürokratie vergessenen Welt Postflugzeuge flogen. Er kam nach Aysén, und später lernte er einen der legendären Flieger jener Breiten kennen: Kapitän Esquella, der mit seiner DC-3 die Estanzias von Patagonien und Feuerland versorgte.

Sein erster Job war der eines Wartungsmechanikers für den *Papagei mit Schluckauf*, das Flugzeug, das Esquella, und nur Esquella, flog, bis etwas passierte, das Carlos Sonst Nichts zum Eigentümer der Maschine machte.

»Esquella. Das war ein Pilot!« sagt Carlos Sonst Nichts und reicht mir einen neuen Mate.

Im Mai 1975 mußte Esquella auf einem kleinen Strand der Halbinsel Tres Montes, gegenüber dem Golf von Penas, eine Notlandung machen. Die DC-3, der *Papagei mit Schluckauf*, hatte feinste Wollschafe geladen, und der in Puerto Montt begonnene Flug verlief normal, bis ein Motor ausfiel und die Maschine an Höhe verlor. Der Flugbegleiter riet, die Fracht abzusetzen, das heißt, die Schafe ins Meer zu werfen, um die Maschine zu erleichtern, die Höhe halten und irgendeine Landepiste im Inland erreichen zu können. Esquella weigerte sich. Er sagte, die Fracht werde nicht angerührt, und suchte einen passenden Strand.

Die Landung war nicht die eleganteste. Die Maschine verlor einen Teil des linken Fahrwerks und kam schließlich mit der Schnauze im Meer zum Stehen. Keines der Schafe erlitt jedoch irgendeinen Schaden und zum Glück auch das Funkgerät nicht. Nachdem Carlos Sonst Nichts den Notruf empfangen hatte, machte er sich mit einem Schiff auf den Weg, um die Schafe aufzunehmen und zu sehen, wie es um das Flugzeug stand.

Als die Schafe an Bord gebracht waren, untersuchten die Piloten die Maschine. Der Motorschaden war leicht zu beheben, und außer dem beschädigten Fahrwerk konnten sie an dem *Papagei mit Schluckauf* keinen weiteren Schaden entdecken. Das Flugzeug konnte zwar repariert werden, das große Problem war jedoch, wie man es zum Teufel von diesem Strand wegbekommen sollte.

»Das war's. Der Papagei hat seinen letzten Schluckauf getan«, sagte einer, der mit dem Schiff gekommen war.

»Halt's Maul, Dummkopf. Holen wir ihn hier raus, Carlitos?« fragte Esquella.

»Klar holen wir ihn hier raus«, erwiderte Carlos Sonst Nichts.

Der Typ, der das Ende des *Papageis mit Schluckauf* diagnostiziert hatte, war ein Fellhändler, der für seine Wettleidenschaft berühmt war, und er konnte der Versuchung nicht widerstehen.

»Esquella, ich wette fünftausend Pesos, daß du die Maschine hier nicht rauskriegst«, rief er herausfordernd.

»Zehntausend, daß ich sie wohl rauskriege«, blaffte der Flieger.

»Zwanzigtausend, daß nicht«, beharrte der Händler.

»Fünfzigtausend, daß ich sie rauskriege, und zwar fliegend«, brüllte Esquella.

»Abgemacht. Fünfzig Riesen. Hier ist die Hand.«

Sie besiegelten die Wette mit einem Händedruck. Fünfzigtausend neue Pesos. Für Carlos Sonst Nichts war das ein Vermögen. Esquella bat ihn, mit ihm ins Flugzeug zu steigen.

»Carlitos, fünfzig Riesen stehen auf dem Spiel. Wir holen sie hier raus und machen halbe-halbe. Hast du eine Idee?«

»Ja, aber ich muß erst wissen, wie das Wetter wird.«

Über Funk ließen sie sich die Wettervorhersage durchgeben: In den nächsten zweiundsiebzig Stunden sollte nur ein mäßiger Wind wehen.

»Sag dem Kapitän des Schiffes, nachdem er die Schafe in Puerto Chacabuco ausgeladen hat, soll er sofort zwei Ochsengespanne mieten und einen der Katamarane kaufen oder stehlen, die im Yachthafen liegen. Er soll mit dem ganzen Zeug vor Ablauf von achtundvierzig Stunden wieder hier sein.«

Das Schiff stach in See. Esquella, der Flugbegleiter und Carlos Sonst Nichts machten sich an die Arbeit.

Zuerst fällten sie mehrere junge Bäume und bockten das Flugzeug mit den Stämmen auf. Dann fällten sie weitere Baumstämme, aus denen sie eine Art Rampe bauten, auf der der Rumpf der Maschine zu ruhen kam. Schließlich montierten sie das intakte Fahrwerk ab und begannen alles auszubauen, was ein überflüssiges Gewicht darstellte. Als sie nach achtzehnstündiger Arbeit fertig waren, befanden sich im *Papagei mit Schluckauf* nur noch die Instrumente und der Pilotensessel.

Das Schiff kehrte in der vorgegebenen Zeit mit allem, was sie angefordert hatten, zurück. Auch mit dem Händler, der ihnen unablässig versicherte, er werde einen Teil des Geldes, das er bereits als gewonnen betrachtete, dazu benutzen, sie ein ganzes Wochenende lang im besten Bordell von Coyhaique freizuhalten. Die drei Männer, die sich abmühten, den *Papagei mit Schluckauf* zum Fliegen zu bringen, ließen ihn schwatzen.

Die Ochsen zerrten an dem Flugzeug, bis die Schnauze aus dem Wasser war. Sie arbeiteten hart, die Ochsen. Eine DC-3 wiegt einiges mehr als ein Karren, aber es waren kräftige Tiere, und sie hievten die Maschine in eine waagerechte Lage auf der Baumstammrampe. Danach machten sich die Männer daran, die Schwimmer von dem Katamaran abzubauen und sie an die Stelle des Fahrwerks zu montieren. Zum Schluß banden sie ein Rettungsfloß an das Heckrad der Maschine und verwandelten den *Papagei mit Schluckauf* in ein Wasserflugzeug.

Während die Schiffsbesatzung weitere Rampen fertigte, für jeden Schwimmer eine, stiegen Esquella und Carlos Sonst Nichts ins Cockpit und ließen die Motoren an. Die Propeller der DC-3 drehten sich wie geschmiert.

»Das Schlimmste haben wir geschafft, jetzt müssen wir nur noch fliegen«, sagte Esquella.

»Sie haben ungefähr dreihundert Meter ruhiges Wasser, danach kommen die Riffe«, bemerkte Carlos Sonst Nichts.

»Das Problem ist die Landung. Ich habe noch nie ein Wasserflugzeug geflogen«, gestand Esquella.

»Das Wasser im Fjord wird ruhig sein. Zumindest während der nächsten vierundzwanzig Stunden. Wenn Sie Vertrauen zu mir haben, lassen Sie mich die Mühle fliegen. In der Ausbildung habe ich Grumanns und Catalinas geflogen, die sind zwar nicht so schwer wie eine DC-3, aber ich glaube, ich kann es schaffen.«

»Alles gehört dir, Carlitos! Um die Maschine noch leichter zu machen, lassen wir einen Teil des Treibstoffs ab. Du fliegst nur mit dem nötigsten. Ich gebe dir vom Schiff aus das Zeichen, wann du abheben mußt.«

»Dann machen Sie den Sessel frei. Ich übernehme das Kommando.«

»Die fünfzig Riesen gehören dir, Carlitos.«

Die edlen Ochsen zogen den *Papagei mit Schluckauf*, bis sie ihn im Wasser hatten. Die Schwimmer des Katamarans hielten das Gewicht aus, und das Rettungsfloß hielt das Heck über Wasser. Carlos Sonst Nichts wartete, bis das Schiff die Riffkante erreicht hatte, bevor er die Motoren aufheulen ließ und das Flugzeug in Bewegung setzte. Die Zeiger der Drehzahlmesser ausschlagen zu sehen war eine Wonne. Als er sah, daß Esquella beide Daumen hob, zog er den Steuerknüppel an den Bauch, und der *Papagei mit Schluckauf* hob sich aus dem Wasser und gewann rasch an Höhe.

Der Flug verlief ruhig und ohne Zwischenfälle, war aber sehr bewegt, weil die Maschine so leicht war, daß der Wind sie flattern ließ wie ein Blatt Papier. Carlos Sonst Nichts flog ohne Schwierigkeiten die neunzig Meilen nach Norden über die Halbinsel Taitao, den Gletscher San Rafael bis zur Öffnung des großen Fjords von Aysén, wo er nach Osten abbog und, sich an der glitzernden Wasserfläche orientierend, Kurs landeinwärts nahm. Ihm fehlten noch acht Meilen bis zur Bucht von Puerto Chacabuco, als die Nadeln der Treibstoffanzeige auf Null gingen. Aber da war er schon in Sicherheit und segelte auf den Winden des Pazifiks problemlos ins Ziel. Er wasserte wie ein Schwan unter dem Jubel der Einwohner, die sich auf der Mole versammelt hatten.

Der Fellhändler zahlte die verlorene Wette. Carlos Sonst Nichts erhielt die fünfzigtausend Pesos und beschloß, sich selbständig zu machen. Kurz darauf lernte er Pet Mannheim kennen, einen weiteren Flieger auf der Suche nach dem grenzenlosen Himmel, und gemeinsam eröffneten sie den ersten Flugdienst für Obst und Gemüse, den sie ›Blühender Handel‹ nannten.

Sie begannen mit einer Piper und einem ausgemusterten Sikorsky-Hubschrauber aus dem Koreakrieg. In Puerto Montt beluden sie das Flugzeug mit Zwiebeln, Salatköpfen, Tomaten, Äpfeln, Orangen und anderem Gemüse und flogen es nach Puerto Aysén, wo sie ihre Basis hatten. Von dort aus lieferten sie das Obst und das Gemüse mit dem Helikopter an die Siedlungen und Estanzias in Patagonien.

Der ›Blühende Handel‹ hielt sich bis zu jenem tragischen Tag, an dem Pet und der Helikopter in einem überraschenden Unwetter verschwanden. Sie wurden nie gefunden, weder Pet noch irgendwelche Überreste des Hubschraubers. Sie ruhen in einem der vielen Gletscher, Wälder oder Seen Patagoniens, die Abenteurer anziehen und sie manchmal verschlingen.

Nachdem er Teilhaber und Helikopter verloren hatte, suchte sich Carlos Sonst Nichts eine neue Tätigkeit und flog die Poststrecke zwischen Patagonien und Feuerland. Wegen der Geschichten, die im Südzipfel der Welt so passieren, sah er sich eines Tages den ersten Bestattungsflug unter südlichem Himmel fliegen.

An einem Junimorgen, mitten im Winter, stand Carlos Sonst Nichts auf der Koppel einer Estanzia in der Nähe von Ushuhaia. Er überprüfte seine Piper, bevor er nach Norden zurückflog, und wartete darauf, daß die Gauchos der Estanzia mit dem Braten eines Hammels fertig wurden. Plötzlich kam ein Landrover vorgefahren, dem vier Unbekannte entstiegen.

»Wer ist der Pilot der Piper«, fragte einer.

»Ich. Was gibt's?«

»Wir brauchen Ihre Dienste. Wir bezahlen, was Sie wollen«, sagte ein anderer.

»Was Sie wollen. Geld ist kein Problem«, bekräftigte ein dritter.

»Immer mit der Ruhe. Um was geht es?«

»Don Nicanor Estrada, der Besitzer der Estanzia San Benito, ist gestorben. Ich bin der Vorabeiter«, sagte der Wortführer.

»Mein Beileid. Aber was hat das mit mir zu tun?«

»Sie müssen ihn nach Comodoro Rivadavia bringen. Dort wartet seine Familie mit dem Begräbnis. Don Nicanor soll in der Familiengruft beigesetzt werden.«

Die Jungs wußten nicht, wovon sie sprachen. Die Estanzia San Benito lag in Rio Grande, und Comodoro Rivadavia war achthundert Kilometer entfernt, Luftlinie.

»Tut mir leid. So weit komme ich mit meiner Maschine nicht. Ich habe nur soviel Treibstoff, um bis Punta Arenas zu fliegen«, entschuldigte sich Carlos Sonst Nichts.

»Sie bringen ihn hin. Haben Sie nicht verstanden, um wen es sich handelt?« rief der Vorarbeiter.

»Nein, ich bringe ihn nicht. Und damit wir uns verstehen: Ich entscheide, wann und wohin ich fliege, und auch, wen ich fliege.«

»Sie haben es nicht begriffen. Wenn Sie sich weigern, Don Nicanor Estrada zu fliegen, werden Sie künftig weder in Patagonien noch auf Feuerland noch sonstwo auf dieser verdammten Welt fliegen.«

Der Vorarbeiter hatte noch nicht zu Ende gesprochen, als seine Begleiter ihre Ponchos zur Seite schlugen und Flinten mit abgesägten Läufen sehen ließen.

Manchmal ist es ratsam, Ausnahmen zu machen, dachte Carlos Sonst Nichts, als er mit einem der Gorillas als Copiloten zur Estanzia San Benito flog.

Don Nicanor Estrada erwartete ihn blau und tiefgefroren in der Kerzenlichtkapelle, die man ihm im Kühlhaus der Estanzia hergerichtet hatte. Hunderte von geschlachteten Schafen hielten die Totenwache. Ein paar Gauchos und Arbeiter saßen rauchend und Mate trinkend dabei und warfen furchtsame Blicke auf den Leichnam.

»Der ist ja gewaltig«, sagte Carlos Sonst Nichts bei seinem Anblick.

»Wie alle Estradas. Einen Meter achtundneunzig«, antwortete der Vorarbeiter.

»Der paßt nicht. So ein Schinken paßt nicht in die Piper«, wandte Carlos Sonst Nichts ein.

»Ein bißchen mehr Respekt vor Don Nicanor. Er paßt«, beharrte der Vorarbeiter.

»Hört mal: Ich verstehe ja, daß ihr alles menschenmögliche unternehmen müßt, um die Leiche nach Comodoro Rivadavia zu bringen. Aber ihr müßt auch begreifen, daß es nicht geht. Dies ist eine viersitzige Piper. Die Kabine mißt vom Armaturenbrett bis zur Rückwand einen Meter siebzig. Selbst diagnonal würde er nicht reinpassen.«

»Sie transportieren ihn angelehnt oder sitzend, dann paßt er.«

»Tut er nicht. Der Rücksitz ist neunzig Zentimeter breit. Angelehnt paßt er nicht hinein, und was das Sitzen angeht – wie lange ist er schon tot?«

»Vier Tage. Warum?«

»Vier Tage im Kühlhaus! Der ist steifer als ein Brett; hinzu kommt noch etwas, das man *rigor mortis* nennt. Ihr müßtet ihm schon das Rückgrat brechen, und ich glaube nicht, daß das im Interesse der Familie ist.«

»Scheiße, das stimmt«, brummte der Vorarbeiter.

Der Tote war nicht nur groß, sondern auch kräftig. Ohne Kleider durfte er gut hundertzwanzig Kilo wiegen, und so, wie er da aufgebahrt lag, in seiner Tracht mit Silbersporen, Schaftstiefeln, Pluderhosen, silberbeschlagenem Gürtel, Messer und Poncho, mußte er auf über hundertundfünfzig Kilo kommen.

»Hören Sie, kann man nicht einen Teil des Daches abmontieren?« fragte der Vorarbeiter.

»Das ganze Dach. Aber dann erfriere ich.«

»Nur einen Teil. Soviel, daß der Körper hindurchpaßt. Sie können ja niedrig fliegen.«

»Sind Sie verrückt? Soll ich ihn etwa stehend transportieren?«

»Wie, ist mir ganz egal; aber du fliegst ihn rüber, du Scheißkerl!« kreischte der Vorarbeiter und fuchtelte Carlos mit dem Lauf einer Achtunddreißiger vor der Nase herum.

Er flog ihn. Nachdem sie die Tür auf der Seite des Copiloten ausgehängt und den Toten auf ein Brett gebunden hatten, schoben sie ihn in die Piper. Mit den Füßen zuerst, die am Sockel des Rücksitzes festgebunden wurden. Der untere Rücken des Toten ruhte an der Lehne des Copilotensessels, ein Teil des Oberkörpers, Schultern und Kopf ragten nach draußen. Da sie ihn mit dem Gesicht nach oben hineingehievt hatten, schien er die rechte Tragfläche zu betrachten. Um das Werk zu vollenden, zogen sie ihm eine Plastiktüte mit dem Schriftzug ›San Benito – bestes Fleisch‹ über den Kopf.

Bevor er startete, dachte Carlos Sonst Nichts, die Bestattungsfliegerei sei vielleicht gar kein schlechtes Geschäft. Der Vorarbeiter hatte ihm nämlich einen Scheck über fünfzigtausend chilenische Pesos ausgehändigt, und in Comodoro Rivadavia erwartete ihn die andere Hälfte.

Er schaute auf die Treibstoffanzeige: *full.* Die Arbeiter der Estanzia hatten genug Treibstoff besorgt, so daß er die erste Etappe bis Rio Gallegos schaffen konnte. Dreihundertfünfzig Kilometer Flug in niedriger Höhe, eingemummt wie ein Eskimo und mit einem Passagier an Bord, dessen Körper zur Hälfte nach draußen ragte.

Um zwei Uhr nachmittags flog er los. Zum Glück zeigte sich das Wetter willig, obwohl heftige Winde vom Atlantik die Piper schüttelten wie einen Cocktailshaker. Nach dreiviertelstündigem Flug sah Carlos Sonst Nichts das Kap des Heiligen Geistes unter sich und überflog die Magellanstraße. Er sang aus voller Brust. Er sang alle Tangos, Cumbias und Boleros, die er kannte, dann die Nationalhymne und die fast vergessenen Lieder aus der Schulzeit. Er mußte singen, was die Lungen hergaben, um den Körper warmzuhalten.

Um fünf Uhr nachmittags war es bereits dunkel, und er konnte die Brandungslinie an der Küste des Atlantiks kaum noch erkennen. Als er in Rio Gallegos um Landeerlaubnis bat, wurde er gefragt, ob er zu verzollende Fracht an Bord habe.

»Keine Fracht an Bord. Aber einen Toten. *Over.*«

»Haben Sie den Totenschein dabei? *Over.*«

»Nein. Davon hat mir kein Mensch was gesagt. *Over.*«

»Dann fliegen Sie zurück und holen ihn. *Over.*«

»Der Tote ist Nicanor Estrada. *Over.*«

Ein mächtiger Herr, dieser Don Nicanor, einflußreich weit über den Tod hinaus. Auf der Landebahn erwartete ihn ein Priester, der beinahe einen Herzanfall erlitt, als er sah, unter welchen Bedingungen der Passagier transportiert wurde.

»Sie müssen ihn herausholen. Um Himmels willen! Er muß herausgeholt und sofort in die Kirche gebracht werden«, rief der Priester.

»Vergessen Sie's. Er bleibt hier, an der frischen Luft«, entgegnete Carlos Sonst Nichts.

»Sie elender Wicht! Bei dem Toten handelt es sich um Don Nicanor Estrada!« schrie der Priester.

»Wenn Sie ihn in die Kirche bringen, taut er auf und fängt zu faulen an. Ich vermute, die Familie will Don Nicanor unversehrt in Empfang nehmen.«

Nachdem er exkommuniziert worden war, konnte Carlos Sonst Nichts den Priester zu einem Kompromiß überreden: Messe, ja, aber an Ort und Stelle und mit dem Toten im Flugzeug. So wurde Don Nicanor Estrada die Totenmesse bei zehn Grad minus auf der Landebahn gelesen.

In jener Nacht schlief Carlos Sonst Nichts fest wie ein Stein unter drei Decken in einer Pension in der Nähe des Flugplatzes. Um sechs Uhr früh am nächsten Morgen goß er sich einen Liter Kaffee in den Leib, füllte zwei Thermoskannen mit dem heißen Gebräu und startete im ersten Licht des anbrechenden Tages zur zweiten Etappe seines Fluges nach Rio Chico. Er würde den Atlantik und die Bahía Grande überfliegen, bis der Leuchtturm von Kap San Francisco de Paula ihm wieder das Festland anzeigte. Vor ihm lagen zweihundert Kilometer eines beschaulichen Flugs, und die Notwendigkeit, sich warm zu halten, brachte ihm sogar ein paar Lieder von Moustaki in Erinnerung, die er lustvoll in die kalte Luft hinausheulte.

Nachdem er in Rio Chico aufgetankt hatte, begann er um zehn Uhr morgens die dritte Etappe seiner Bestattungstour, die ihn nach Las Martinetas führte, einen Ort, der noch einmal zweihundert Kilometer entfernt tief im Inland lag. Er flog der Linie der Landstraße nach, die nach Comodoro Rivadavia führte. Unter ihm glitt die Pampa dahin, die Schafherden und die Rudel der Nandus, die aus der Höhe wie groteske Küken mit nackten Hintern aussahen. Die Nandus flohen entsetzt vor dem Lärm der Piper.

Um zwei Uhr nachmittags traten Carlos Sonst Nichts und Don

Nicanor Estrada zur letzten Etappe ihrer Reise an. Noch zweihundert Kilometer, dann würden sie in Comodoro Rivadavia sein. Kein Wölkchen stand am Himmel, die Sonne spiegelte sich in der tiefgefrorenen Kapuze des Toten, und Carlos Sonst Nichts sang immer noch, ziemlich mißtönend mittlerweile, und er schwor sich, sobald er zurück in Chile sei, Gesangsunterricht zu nehmen.

Als er in Comodoro Rivadavia um Landeerlaubnis bat, wurde er gefragt, warum er so tief fliege. Das Radar der argentischen Luftwaffe hatte ihn kaum erfassen können.

»Weil ich einen Toten transportiere. Einen berühmten Toten. *Over.*«

»Wer, zum Teufel, sind Sie? *Over.*«

»Patagonische-Luftbestattungs-Transporte. *Over*«, antwortete Carlos Sonst Nichts mit dem pathetischen Rest von Stimme, der ihm noch geblieben war.

Auf der Landebahn empfingen ihn Angehörige und örtliche Behördenvertreter mit Ohnmachtsanfällen; ihre wüsten Beschimpfungen und Drohungen versickerten nach seinen Erklärungen in hohlen Entschuldigungsphrasen. In Erwartung des zweiten Schecks sah sich Carlos Sonst Nichts gezwungen, an der Beerdigung teilzunehmen.

Auf dem Friedhof erwartete ihn eine Überraschung. Nach der feierlichen Totenmesse begab sich der Leichenzug zur Familiengruft, einem kleinen Palast aus weißem Marmor. Nachdem der Tote mit Hilfe eines Krans aus dem Sarg gehievt und mit einem Seil unter den Achseln in eine aufrechte Lage gebracht worden war, bedeckten sie seinen Kopf mit einem Gauchohut und ließen ihn schließlich in ein Grab von gewaltigen Ausmaßen hinab. Carlos Sonst Nichts warf einen Blick über den Rand. Unten stand ein einbalsamiertes Pferd. Don Nicanor Estrada wurde als Reiterstandbild begraben.

»Und wie ging es weiter?« frage ich, während der Regen immer heftiger wird.

»Ich habe das Geld kassiert, mich von den Hinterbliebenen verabschiedet und bin zurückgeflogen. Schür mal das Feuer. Ich hole ein Stück Fleisch zum Grillen«, sagt Carlos Sonst Nichts und schlendert davon.

Er ist mein bester und ältester Freund. Wenn ich mich am anderen Ende der Welt aufhalte, denke ich oft an ihn und zittere bei dem Gedanken, daß ihm etwas zustoßen könnte. Und jetzt zittere ich auch beim Anblick all der Beulen und Dellen im Rumpf der Piper.

Carlos Sonst Nichts kommt mit ein paar Hammelrippen zurück.

»Was machst du jetzt, Carlitos?«

»Hammelrippen grillen.«

»Nein, ich meine später. Morgen. Was weiß ich.«

»Fliegen. Sobald das Wetter besser wird, drehe ich mit dir eine Runde über dem Golf der Elefanten. Du bist gekommen, um Wale zu sehen. Also wirst du Wale sehen«, sagt Carlos Sonst Nichts, während er Rosmarinspitzen auf das Fleisch legt und mit kindlichen Augen mal ins Feuer blickt, mal auf mich, mal auf das Flugzeug, das wie ein weiterer Freund ebenfalls die gemütliche Wärme des Hangars genießt, in Sicherheit vor dem Regen, der ohne Unterlaß auf Patagonien niedergeht.

8

Der Einbruch des Winters überrascht mich in Puerto Natales. Es ist kaum achtundvierzig Stunden her, da bin ich noch am Strand des Golfes Admiral Montt spazierengegangen und habe den Sonnenuntergang eines herrlichen Apriltages bewundert. Gestern aber setzte dichter Schneefall ein, und die Temperatur sank mit einem gewaltigen Ruck von sechs Grad plus auf vier Grad unter Null. Das Radio meldet, der Flughafen sei geschlossen, so daß es jetzt ausgesprochen schwierig wird, den Ort zu verlassen.

Puerto Natales liegt an der Ostküste des Golfes Admiral Montt. Nach Westen hin, über zweihundertfünfzig Kilometer, zieht sich ein Gewirr von Kanälen bis zur Nelson-Straße und dem Pazifik. Die Schiffer von Chiloé sind die einzigen, die sich in diese engen Wasserstraßen wagen, in denen der eisige Tod lauert: die Eisblöcke, die die Flut von den Gletschern reißt und die oft monatelang die Kanäle blockieren.

Es ist unmöglich, Puerto Natales im Winter über das Meer zu verlassen. Es geht nur auf dem Landweg, indem man die Grenze überquert und sich nach El Turbio, in Argentinien, begibt.

Von dort fährt die südlichste Eisenbahn der Welt, der alte Patagonien Express, der nach zweihundertvierzig Kilometern, die Orte wie El Zurdo und Bellavista miteinander verbinden, in Rio Gallegos, an der Atlantikküste, ankommt.

Der Zug fährt mit zwei Personenwagen und zwei Güterwaggons, die von einer alten japanischen Dampflok aus den dreißiger Jahren gezogen werden. Die Personenwagen sind jeweils mit Holzbänken ausgestattet, die sich in zwei Reihen über die ganze Länge des Waggons hinziehen. An ihrem Ende steht jeweils ein Holzofen, der von den Reisenden beheizt werden muß, und über jedem Ofen hängt ein Bildnis der Heiligen Jungfrau von Luján.

Außer mir sitzen nur wenige Reisende im Zug; ein paar Landarbeiter, die sich auf den Bänken ausstrecken und gleich zu schnarchen anfangen, und ein protestantischer Pfarrer, der seine Nase ins Evangelium steckt. Der Mann sitzt so tief über sein Buch gebeugt, daß ich versucht bin, ihm meine Brille anzubieten.

»Dort liegt das Brennholz. Sehen Sie zu, daß der Ofen nicht ausgeht«, rät der Schaffner.

»Danke. Ich habe keine Fahrkarte. Ich wollte in El Turbio eine kaufen, aber da gab es keine.«

»Keine Sorge. Kaufen Sie sie in Jaramillo, der nächsten Station.«

Die Viehweiden draußen sind mit einer Schneeschicht bedeckt, die der braun und grün gesprenkelten Pampa eine geisterhafte Farbe verleiht. So fährt der Patagonien Express durch eine eintönige weiße Landschaft, die den Pfarrer einschläfert. Die Bibel entgleitet seinen Händen und klappt zu. Sie sieht aus wie ein schwarzer Ziegelstein.

Der Patagonien Express ist der Zug der Schafhirten. Hunderte von Chiloten kommen am Ende eines jeden Winters nach Puerto Natales, gehen über die Grenze und fahren mit dem Zug zu den Estanzias in Patagonien. Es sind starke Männer, die der Armut ihrer Insel und der sprichwörtlichen Hartherzigkeit der Frauen von Chiloé entrinnen und ihr Glück auf dem Kontinent machen wollen. Es sind harte Männer, doch ihr Leben währt nur kurz. In Chiloé ernähren sie sich von Meeresfrüchten und Kartoffeln. In Patagonien von Hammelfleisch und Kartoffeln. Die wenigsten von ihnen haben jemals Obst – von Äpfeln einmal abgesehen – oder Gemüse gegessen. Magenkrebs ist unter den Chiloten eine verbreitete Krankheit.

Der Bahnhof von Jaramillo, ein rot angestrichenes Holzgebäude, erinnert mit seiner Architektur ein wenig an Skandinavien. Die kunstvoll gearbeiteten Schindeln, die die Regentraufen schmücken, hängen lose im Wind, viele fehlen, die restlichen werden auch herabfallen, ohne daß eine Hand sich rührt, um sie zu befestigen oder zu ersetzen.

Jaramillo hat nicht mehr als den Bahnhof und ein paar Häuser vorzuweisen, aber der Zug hält hier, um Wasser aufzunehmen. Das scheint die einzige Bedeutung des Ortes zu sein, und doch bleibt in der stehengebliebenen Zeit der Bahnhofsuhr, die neun Uhr achtundzwanzig anzeigt, eine traurige Erinnerung lebendig.

1921 fand auf der Estanzia La Anita die letzte große Rebellion der Gauchos und Indios ihr Ende. Unter Führung des spanischen Anarchisten Antonio Soto hatten über viertausend Menschen – Männer wie Frauen – die Estanzia und den Bahnhof von Jaramillo besetzt. Sie proklamierten die Selbstverwaltung und lebten einige Wochen in der Illusion, die erste Freie Kommune Patagoniens zu sein, die sich selbst naiv als ›Sowjet‹ bezeichnete. Die Antwort der Großgrundbesitzer ließ nicht lange auf sich warten. Die argentinische Regierung schickte ein starkes Truppenaufgebot, um die Aufständischen niederzumachen. Die Soldaten trafen am 18. Juni 1921 um die Mittagszeit ein.

Die Männer verschanzten sich im Bahnhof von Jaramillo, und die Frauen hielten die Gebäude der Estanzia besetzt. Bewaffnet waren sie mit ein paar Revolvern, die sie den Vorarbeitern abgenommen hatten, mit Gauchomessern, Lanzen und Boleadoras. Die Soldaten hatten Gewehre und Maschinengewehre.

Hauptmann Varela, der die Truppen befehligte, ließ den Bahnhof umstellen und gab ihnen bis zehn Uhr abends Zeit, sich zu ergeben. Wer seine Waffen abgäbe, sollte sein Leben behalten. Doch das war das Wort eines Soldaten; Varela hielt sein Ultimatum nicht ein, um neun Uhr achtundzwanzig gab er den Befehl, das Feuer zu eröffnen.

Die genaue Zahl der Opfer ist nie festgestellt worden. Hunderte von Männern wurden vor Gräbern, die sie selber ausgehoben hatten, erschossen. Hunderte von Toten wurden verbrannt, und über die Pampa legte sich der Geruch von kohlenden Leichen.

Neun Uhr achtundzwanzig. Eine Kugel brachte die Zeiger der Uhr zum Stillstand, und dabei ist es geblieben.

»Sie ist schon oft repariert worden«, sagt mir der Schaffner, »aber immer ist jemand da, der sie wieder kaputtmacht und die Zeiger so stellt, wie es sich gehört.«

»Das waren alles Subversive. Ihr Anführer, dieser Galizier, hat ihnen weisgemacht, Eigentum sei Diebstahl. Es war ganz richtig, daß man sie alle umgebracht hat. Mit den Subversiven darf man keine Nachsicht haben«, mischt sich der Pfarrer ein.

Die Arbeiter, die wach geworden sind, antworten ihm mit obszönen Gesten, der Schaffner wendet sich schulterzuckend ab, und der Pfarrer flüchtet sich in die Lektüre seines schwarzen Backsteins.

Die Sonne geht im Westen unter, versinkt im Pazifik, und ihre letzten Strahlen werfen den Schatten des Patagonien Express auf die weiße Pampa, während der Zug in die entgegengesetzte Richtung fährt, hin zum Atlantik, wo die Tage ihren Anfang nehmen.

9

Stets kehre ich nach Rio Mayo zurück, einer Stadt in Patagonien, an die hundert Kilometer von Coyhaique entfernt und weitere zweihundertfünfzig von Comodoro Rivadavia. Ich kehre stets hierher zurück, und das erste, was ich tue, wenn ich aus dem Bus, dem Lastwagen oder einem anderen Fahrzeug steige, das mich auf der Straßenkreuzung abgesetzt hat, ist, die Augen zu schließen, damit der Staub mich nicht blind macht. Dann öffne ich sie langsam wieder, schultere den Rucksack und wandere zu einem Holzgebäude, das mit Schnitzereien reich verziert ist. Eine ehrwürdige Ruine, der stumme Zeuge einer besseren Zeit. Nachdem ich die Tür aufgestoßen habe, präsentiert sich mir, was vormals der Tanzsalon war, das

Casino, die Orchesterbühne, die Bar mit den Barhockern aus braunem Leder – jetzt von den Ziegen zerfressen – und das Porträt der Königin Victoria; ein Maler mit merkwürdigen Vorstellungen von der menschlichen Anatomie hat es an die Stirnwand der Rezeption gemalt. Die Augen der britischen Herrscherin stehen so weit auseinander, daß sie beinah die Ohren berühren, und die stark afrikanisch anmutenden Nasenflügel bedecken die Hälfte des Gesichts.

»Salve Regina«, grüße ich sie und setze, bevor ich sie wieder verlasse, mich erst einmal hin, um eine Zigarette zu rauchen. Ich weiß, daß draußen unweigerlich ein Ansässiger steht und auf mich wartet. Diesmal ist es eine Frau. Sie hält einen Weidenkorb unter dem Arm und schaut mich böse an.

»Sie haben sich wohl in der Tür geirrt«, sagt sie.

»Ist dies denn nicht das Hotel Inglés?«

»Doch. Aber es ist schon seit zehn Jahren geschlossen. Seit der Gringo tot ist«, fügt sie hinzu.

»Was? Mr. Simpson ist tot? Wann ist er denn gestorben?« frage ich, obwohl ich die Geschichte kenne, nur um des Vergnügens willen, eine weitere Version zu hören.

»Vor zehn Jahren. Er hat sich mit fünf Frauen darin eingeschlossen, na ja, Sie wissen schon, mit solchen Freudenmädchen. Dann ist er gestorben, das alte Schwein.«

Fünf Frauen. Bei meinem letzten Besuch hatte mir ein Einwohner von zwölf französischen Huren berichtet. Vielleicht wird in den Legenden abwärts gezählt. Tatsache ist aber wohl, daß Thomas Simpson, nachdem er erfahren hatte, daß der Krebs in seinen Knochen fraß und der Arzt ihm höchstens noch drei Monate gab, das Hotel seinen Angestellten vermachte und für sich selbst nur die Präsidenten-Suite behielt. Er ließ sich ein paar Kisten Havannas und ein Faß Scotch hinaufbringen und schloß sich mit einer schwer auszumachenden Zahl lebenslustiger und gut bezahlter Damen ein, die nichts anderes zu tun hatten, als auf möglichst angenehme Weise auf sein Ableben hinzuarbeiten.

Eine Woche später war die Nachricht von seinem süßen Siechtum bis nach Comodoro Rivadavia gedrungen. Die englische Kolonie schickte einen Geistlichen, um den Skandal zu beenden, doch als der *hallelujah-brother* in die Suite eintreten wollte, stoppte ihn ein

Stück Blei vom Kaliber fünfundvierzig, das ihm ein Bein zerschmetterte. Simpson starb, wie er es sich vorgenommen hatte, und das Hotel ging in kürzester Zeit zum Teufel.

»Es gibt ein anderes Hotel am Ende der Straße. Wenn Sie wollen, zeige ich Ihnen den Weg«, bietet die Frau mir an.

Ich danke ihr und gehe in die angegebene Richtung. Ich weiß, daß sich dort das San Martín befindet, das beste Hotel Patagoniens.

Es ist ein einstöckiges Eckhaus. Durch die Staubwolke, die unablässig in der Luft liegt, erkenne ich auf einer an die Fassade gelehnten Leiter einen Menschen, der das Schild neu anmalt, mit dem das Gebäude sich als Hotel ausweist.

»He, Freund«, rufe ich hinauf. »Sind Sie der Eigentümer des Hotels?«

»Wenn ich es wäre, stände ich nicht hier oben«, ruft er hinunter.

»Könnten Sie den Eigentümer rufen?« schreie ich noch einmal von unten.

»Er ist nicht da. Es ist niemand da. Gehen Sie rein und schenken Sie sich einen Mate ein«, ruft der Maler.

Ich gehorche, und während ich die beiden Flügel der Schwingtür aufstoße, denke ich, daß der Mann ganz sicher kein Argentinier ist. Er hat viel zuviel Singsang in der Stimme.

Der Speisesaal hat sich in den letzten zwei Jahren nicht verändert. Dieselben Metalltische mit Resopalplatten, dieselben Holzstühle, und auf jedem Tisch eine kokette Blumenvase mit Rosen und Nelken aus Plastik. Hinter dem hölzernen Tresen reihen sich die Flaschen: Wein, Grappa und Zuckerrohrschnaps. Und auf dem Ehrenplatz, im Spiegel, ein Porträt von Carlos Gardel, der sein makelloses Gebiß vorzeigt.

Das Hotel San Martín. Bis 1978 diente das Gebäude der Stadt als Lagerhaus. Im selben Jahr trafen zwei von der Diktatur Verbannte in Rio Mayo ein: der Türke Gerardo Garib, ein gebürtiger Argentinier aus Buenos Aires, ein Gewerkschafter, der sich vom Peronismus nicht hatte korrumpieren lassen und von Palästinensern abstammte, sowie seine Frau, die Türkin Susana Grimaldi, die aus Uruguay stammte, aus Colonia, Musiklehrerin war und wunderbar auf italienisch fluchen konnte, der Sprache ihrer Vorfahren.

Susana und Gerardo hatten Glück während der Diktatur. Sie erlebten die schrecklichen Geheimverliese, Entführungen und die Folter, aber sie überlebten das Labyrinth des Grauens und wurden für fünf Jahre in die Verbannung nach Patagonien geschickt.

Die beiden hatten Unternehmergeist, und nach anderthalb Jahren gab Susana einem Dutzend Möchtegern-Gardels Musikunterricht, und Gerardo konnte das Lagerhaus mieten und machte ein Hotel daraus.

»Haben Sie sich einen Mate eingeschenkt?« Der Maler kommt herein und unterbricht meine Erinnerungen.

»Nein, wollte ich gerade tun.«

»Haben Sie Hunger? Wenn Sie wollen, mache ich Ihnen ein paar Pfannkuchen. Ich mache die besten Pfannkuchen Patagoniens. Meine Pfannkuchen sind berühmt.«

»Chilene?«

»Aus Chiloé. Ich wollte hier auf einer Estanzia arbeiten, bin aber krank geworden, und der Türke hat mich als Koch, Barmann und Restaurator eingestellt.«

»Und wo ist der Türke? Und Susana?«

»Ich sehe, Sie kennen die beiden. Sie sind auf einer Beerdigung.«

»Auf was für einer Beerdigung? Von wem?«

»Von einem alten Mann, Carlitos wurde er genannt.«

»Carlitos Carpintero?«

»Genau. Kannten Sie den auch?«

Carlitos Carpintero. Eine Organisation in Stockholm, die alternative Nobelpreise vergibt, wollte 1988 einem mysteriösen Professor namens Klaus Kucimavic den Alternativen Nobelpreis für Physik verleihen. Dieser Professor Kucimavic hatte 1980 lange Briefe an mehrere europäische Universitäten verschickt und darin mitgeteilt, daß sich nach seinen in Patagonien angestellten Berechnungen ein gefährliches Loch in der Ozonschicht auftun werde. Er gab den genauen Durchmesser des Ozonlochs und die Variablen seines Fortschreitens an, und acht Jahre später wurden seine Angaben von der NASA und einigen wissenschaftlichen Institutionen in Europa bestätigt. Professor Kucimavic konnte den Preis nicht in Empfang nehmen, weil kein Mensch wußte, wie man ihn einladen sollte. Als Absender war auf seinen Briefen stets nur Provinz Chubut, Argentinien, angegeben.

Eine deutsche Zeitschrift beauftragte mich, nach Patagonien zu fahren und den geheimnisvollen Professor ausfindig zu machen. Erfolglos suchte ich in mehreren Dörfern und Städten und landete schließlich in Rio Mayo. Hier lernte ich Susana und Gerardo kennen, und eines Abends luden mich die beiden zu einem Kartenspiel ein, das von Carlos Alberto Valente organisiert wurde, einem der originellsten und großherzigsten Gauchos, die ich kennengelernt habe. Wir spielten und lachten bis tief in die Nacht, und als wir nach dem Essen von unseren Vorhaben sprachen, erzählte ich Valente, was mich nach Rio Mayo geführt hatte.

»Wie soll der Mann heißen?«

»Kucimavic. Klaus Kucimavic.«

»Carlitos Carpintero. Er heißt Carlitos Carpintero.«

»Wer heißt Carlitos Carpintero?«

»Der Mann, den du suchst. Ein verrückter Alter, der vor ewigen Zeiten hier aufgetaucht ist. Verrückt, aber nicht dumm. Er erfindet Sachen. Mir hat er zum Beispiel ein System erfunden, das Kuhscheiße in Gas verwandelt. Jetzt habe ich umsonst heißes Wasser. Biogas nennt der Alte das. Ja. Er ist verrückt, aber nicht dumm. Er starrt stundenlang in den Himmel und mißt die Sonnenstrahlen mit Spiegeln. Er sagt, in ein paar Jahren werden wir alle blind.«

Am nächsten Tag lernte ich Kucimavic kennen. Ein schmächtiges altes Männchen in einem speckigen Mechaniker-Overall. Als ich hinkam, reparierte oder verbesserte er gerade ein Duschsystem zur Parasitenbekämpfung bei den Schafen.

Er leugnete vom ersten Moment an, Klaus Kucimavic zu heißen, und versicherte in seinem eigenartigen Spanisch, zeitlebens Argentinier gewesen zu sein.

»Wie willst du Argentinier sein, wenn du sprichst wie ein Banause?« meinte Valente.

»Ich sprechen besser Kastilianisch als du, Angeber«, entgegnete der Alte.

Valente besaß jedoch ein von den argentinischen Behörden ausgestelltes Dokument, das Kucimavic identifizierte. Der Alte hatte es ihm irgendwann einmal zur Aufbewahrung gegeben. Als er seine Identität nicht mehr leugnen konnte, begann er, wenn auch widerwillig, von sich zu erzählen.

Er war in Slowenien geboren. Während des Zweiten Weltkriegs hatte er zur kroatischen Ustascha gehört und mit den Nazis auf dem Balkan gekämpft. Am Ende des Krieges entging er der Justiz von Titos Partisanen und emigrierte nach Argentinien, entschlossen, in Südamerika ein neues Leben zu beginnen. Schon bald jedoch sah er, daß die Israelis, durch den Fang Adolf Eichmanns ermutigt, in Argentinien eine Jagd auf Ex-Nazis und Kollaborateure in Gang setzten. Also gab Klaus Kucimavic seinen Lehrstuhl für Physik an der Universität von Buenos Aires auf und verlor sich in Patagonien, in jenem Teil der Welt, wo niemand Fragen stellt und wo die Vergangenheit eine rein persönliche Angelegenheit ist.

In Rio Mayo mochten ihn alle. Er war ein hilfsbereiter alter Mann, der zwar als menschenscheu galt, jedoch niemals zögerte, hier ein Radio, dort ein Bügeleisen, eine Wasserleitung oder einen Motor zu reparieren, und der dafür nie auch nur einen Centavo verlangte.

Er bestätigte mir seine Ozonlochmessungen, weigerte sich aber nachdrücklichst, über den Nobelpreis zu sprechen.

»Sagen Sie diesen Dummköpfen, sie sollen erst einmal mit der Verschmutzung der Atmosphäre aufhören, bevor sie Preise vergeben. Preise sind was für Schönheitsköniginnen«, schimpfte er.

Ich hatte genügend Material in Händen, um eine lange Reportage über den Entdecker des Ozonlochs zu schreiben, doch wenn ich sie veröffentlicht hätte, wäre es mit dem harmonischen Zusammenleben der Leute in Rio Mayo vorbeigewesen; also vergaß ich das Thema, und Kucimavic wurde auch für mich Carlitos Carpintero.

»Carlitos ist von uns gegangen«, sagte der Türke Garib, als er mich in seine Arme schloß.

»Ich wußte, daß du zurückkommst. Herzlich Willkommen«, sagte Susana.

An jenem Abend setzten wir uns früh zu Tisch. Ich stellte fest, daß der Chilote wirklich ein vorzüglicher Koch war und daß seine Pfannkuchen unübertrefflich waren. Wir sprachen über uns und unser Leben. Ich konnte nach Chile zurück, lebte aber weiterhin in Europa. Sie konnten nach Buenos Aires zurück, blieben aber in Patagonien. Die Unterhaltung mit den Freunden bestätigte mir einmal mehr, daß der Mensch dahin gehört, wo er sich am wohlsten fühlt.

»Weißt du, als du letztesmal fortfuhrst, hatte ich den Eindruck, du trügest an einer großen Last. Ich nehme an, es hat dich einiges gekostet, nicht über Carlitos zu schreiben«, sagte Susana, während sie den Grappa in die Gläser schenkte.

»Ja, ich trug eine schreckliche Gewissenslast mit mir herum. Ich fragte mich immerzu: Und wenn Carlitos tatsächlich ein Kriegsverbrecher ist, wenn er einer dieser Faschisten gewesen ist, die selbst uns noch das Leben versaut haben?«

»Nein. Carlitos war ein Typ, der auf der falschen Seite gekämpft hat. Ein Verbrecher war er nicht«, versicherte der Türke.

»Was macht dich so sicher?«

»Patagonien lehrt dich, die Menschen daran zu erkennen, wie sie dich anschauen. Carlitos war kurzsichtig, und darum trug er diese Brille mit den flaschenbodendicken Gläsern; aber wenn er mit seinen Freunden sprach, nahm er die Brille ab und schaute dir fest in die Augen. Und sein Blick war rein.«

»Erzähle ihm, was seine letzten Worte waren«, sagte Susana.

»Seine letzten Worte. So was Blödes. Bevor er starb, erwachte er noch einmal für ein paar Minuten aus dem Koma. Er nahm meine Hand und sagte: ›So ein Mist, Türke, so ein Mist. Jetzt hab' ich dir den Kühlschrank nicht mehr repariert.‹ Verstehst du? Wenn Carlitos kein reines Gewissen gehabt hätte, wäre sein letzter Gedanke nicht mein Kühlschrank gewesen.«

Susana stand auf, um andere Gäste zu bedienen, und öffnete die Fenster zur Straße. Draußen hatte der Wind sich gelegt, und ohne den Staub in der Luft konnte man den gegenüberliegenden Gehweg sehen. Zu dieser Stunde stand nichts mehr zwischen den Menschen und der stillen Nacht Patagoniens.

10

»Laß die Flasche gleich stehen«, sage ich zu dem Jungen, der mir soeben ein Glas Rum eingeschenkt hat. Ich trinke. Der Rum rinnt hinunter wie eine zarte Tröstung, Erschöpfung und Betäubung lindernd, die durch die feuchtheiße Luft des Urwalds hervorgerufen wird.

Ich sitze in Shell, einem Dorf im amazonischen Randgebiet von Ecuador, in einer Cantina, deren Türen und Fenster leere Höhlen sind. Ich schaue nach draußen und sehe die Zweige der Palmen auf der einzigen Straße still und teilnahmslos unter einem wolkenlosen Himmel hängen.

Ein guter Himmel, um mit Kapitän Palacios zu fliegen. Wie, zum Teufel, mochte er mit Vornamen heißen? Für die Leute hier war der Flieger, der seine Zeit auf der Erde damit verbrachte, in der Hängematte zu schaukeln und Flasche um Flasche des guten San-Miguel-Rums zu verputzen, schlicht und einfach Kapitän Palacios. Und so nannte man ihn auch in den Hunderten von Dörfern und Siedlungen Amazoniens, die er mit seiner klapprigen Cessna anflog. Und sein Kompagnon? Wie hieß doch sein Kompagnon?

Ich hatte die beiden eines Nachmittags kennengelernt, als ich von Shell nach San Sebastian del Coca fliegen mußte. Ein Lastwagen hatte mich an einer breiten Straße, so schien es, aussteigen lassen, doch sobald ich den Boden berührte, fühlte ich meine Füße im Morast versinken. Als ich aufschaute, sah ich, daß ich nicht allein war; mehrere Schweine wälzten sich vergnügt im Schlamm.

»Wie kommt man zum Flugplatz?« fragte ich den Lastwagenfahrer.

»Da drüben ist er, *man*. Alles, was Sie auf der anderen Seite des Weges sehen, ist der Flugplatz«, sagte er und zeigte auf ein ausgedehntes Schlammfeld.

Am Rande des Feldes sah man einen Holzschuppen mit Wellblechdach. Ich machte mich auf den Weg dorthin, und je näher ich kam, desto deutlicher vernahm ich die Stimme eines Sportreporters, der ein Fußballspiel kommentierte.

Der Schuppen besaß zwei Schiebetore, und sie standen offen. Drinnen starrte ein riesiger Mulatte versunken auf einige Metallteile, die er in ein Faß mit Dieselöl getaucht hatte. Mit einer Hand rührte er die Teile langsam herum, überließ dem Treibstoff die Arbeit des Entrostens, und in der anderen Hand hielt er eine lange Zigarre. Seine Kopfbewegungen deuteten darauf hin, daß er mit dem, was der Radiosprecher sagte, absolut nicht einverstanden war.

Eine von Wand zu Wand gespannte grüne Zeltbahn unterteilte den Schuppen, so daß der hintere Teil verborgen war. Der Mulatte musterte mich ohne jedes Interesse und konzentrierte sich dann wieder auf das Fußballspiel.

»Guten Tag«, sagte ich.

»Darüber läßt sich streiten. Was kann ich für Sie tun, *Mister?*«

»Ich muß nach Coca fliegen. Können Sie mir sagen, wie ich das anstelle?«

»Sicher. Sie brauchen nur Anlauf zu nehmen, mit den Armen zu wedeln und die Füße einzuziehen. Sonst noch was?«

»Ohne Scheiß, mein Freund. Ich muß nach Coca fliegen.«

»Klar, *Mister.* Sprechen Sie mit Kapitän Palacios.«

»Wo finde ich den?«

»Wo schon, in der Catalina-Bar. Planschen Sie bis zum Ende der Straße durch den Schlamm. Und Vorsicht mit den Schweinen. Das sind hinterhältige Biester.«

Die Catalina-Bar bestand aus einer Hütte von etwa dreißig Quadratmetern. An ihrer Stirnseite befand sich die Theke, an der ein paar Männer saßen, tranken und sich unterhielten. Eine Hängematte aus Jute hing in der Mitte. In ihr lag ein grauhaariger Typ, der tief und fest schlief. An der Seitenwand warteten eine Frau und ein Mann mit einem Ausdruck unendlicher Geduld und waren mit nichts anderem beschäftigt, als ihre Schaukelstühle in Schwung zu halten. Die Frau hielt einen Sack im Schoß. Aus ihm schauten die Köpfe von zwei winzigen Schweinchen hervor. Der Mann hatte seine Füße auf einen Drahtkäfig gestellt, aus dem ein Hahn mit blitzenden Augen haßerfüllt auf die beiden Schweinchen blickte.

»Ich suche Kapitän Palacios«, sagte ich zu der Frau hinter dem Tresen.

»Das ist er, mein Kleiner«, antwortete sie und deutete auf den Mann in der Hängematte.

»Kann ich ihn wecken?«

»Es kommt darauf an, weshalb. Er wird wild, wenn man ihn grundlos weckt.«

»Ich muß nach Coca fliegen ...«

Weiter kam ich nicht. Die Frau mit den Schweinchen sprang wie von der Sehne geschnellt auf die Beine und begann an der Hängematte zu rütteln.

»Was ist los, zum Teufel?« brummelte der unsanft Geweckte.

»Ein weiterer Passagier. Jetzt haben Sie die Maschine voll. Wir können fliegen«, sagte die Frau.

Kapitän Palacios streckte sich, rieb sich die Augen, gähnte und kletterte schließlich aus der Hängematte. Er maß nicht mehr als einen Meter sechzig und trug einen verwaschenen Piloten-Overall, einen von denen, die überall Reißverschlüsse haben.

»Wie ist das Wetter?« fragte er, ohne irgend jemanden direkt anzusprechen.

»Scheiße«, antwortete einer der Männer an der Theke.

»Könnte schlimmer sein. Fliegen wir also«, entgegnete Palacios.

Er verließ die Bar sicheren Schritts. Die Frau mit den Schweinchen, der Mann mit dem Hahn und ich folgten ihm. Auf dem Flugplatz war der Mulatte, der mich zur Bar geschickt hatte, immer noch mit den Metallteilen und dem Fußballspiel beschäftigt.

»Kompagnon, kassiere«, ordnete Palacios an, sobald wir eingetreten waren.

»Was? Wollen Sie bei diesem Wetter fliegen?« fragte der Mulatte und wies zur Decke. Etwas weiter oben kündigten graue Wolken ein Unwetter an.

»Wenn die Geier fliegen, die viel häßlicher sind, weiß ich nicht, warum ich nicht fliegen sollte«, entgegnete Palacios.

»Wie kann man nur so halsstarrig sein! Also dann, geben Sie mir Ihre Namen. Das ist immer sehr nützlich, wenn es zu einem Unfall kommt und man die Leichen identifizieren muß. Macht zweihundertfünfzig Sucres pro Kopf«, sagte der Mulatte.

Die Frau mit den Schweinchen wollte nach Mondaña, einer neunzig Kilometer von Shell entfernt gelegenen Siedlung, zu der man auch auf andere Weise gelangen konnte: zuerst zu Fuß bis Chontapunta, dann im Kanu über den Rio Napo; aber nur, wenn das Wetter gut war und man die nötige Geduld für eine zwei- bis dreitägige Reise hatte.

Der Mann mit dem Hahn wollte nach San José de Payamino, einem Dorf am Ufer des Rio Payamino. Die Hahnenkämpfe von Payamino sind in ganz Amazonien berühmt. Dort wird hoch gewettet, und schon mancher Garimpeiro hat sein gesamtes Vermögen – zusammengespart in Jahren harter Arbeit, in denen es dem Urwald und dem eigenen Leben an die Wurzeln geht – über den Blutstrom des besiegten Hahns in die Taschen der professionellen Wetter fließen sehen. Der Mann mit dem Kampfhahn wollte dort sein Glück versuchen. Dieser kleine kupferfarbene Hahn war eine mörderische Maschine. Das versicherte jedenfalls sein Besitzer und behauptete, in der vergangenen Woche habe das Tier in der Hahnenkampfarena von Macas acht Gegnern die Eingeweide herausgerissen. Auch er hätte auf dem Landweg und über den Fluß an sein Ziel gelangen können, doch eine solche Reise würde fünf Tage dauern und den Hahn zu sehr schwächen.

»Auf was warten Sie noch? Los, ziehen!« befahl Palacios und zog die grüne Zeltbahn zurück. Da stand das Flugzeug. Eine heruntergekommene Cessna mit vier Plätzen.

Wir Männer zogen an den am Fahrwerk befestigten Seilen und schleppten die Mühle zur Piste. Ich betrachtete die nicht zu übersehenden Ausbesserungen am Rumpf, und noch nie war die Empfindung der Reue mir so übermächtig erschienen wie jetzt; aber ich mußte nach Coca, das hundertundachtzig Kilometer von Shell entfernt lag, und der kürzeste Weg war nun einmal die Luftlinie.

Wie in einem Gebet wiederholte ich: »Diese Flugzeuge sind sicher, sehr sicher, absolut sicher«, und stieg ein. Der Sitz des Copiloten war noch frei. Hinter mir grunzten unruhig die Schweinchen. Den Hahn ließen die Startvorbereitungen kalt.

»San Sebastian ... San Sebastian ... antworten Sie ...«

Kapitän Palacios sprach in ein Mikrofon. Als einzige Antwort erhielt er eine Abfolge von Pfeiftönen. Nachdem er ein paar Kippschalter bedient hatte, wurde das Pfeifen lauter, und Palacios hängte das Mikrofon wieder ein.

»Ich hab' dir gesagt, du sollst das Scheißding reparieren. Ich hab' es dir gesagt.«

»Das blöde Ding ist nicht zu reparieren. Ich bin Mechaniker, kein Wundertäter«, rief der Mulatte hinauf.

»Du hast recht. Was soll's. Sie werden uns schon sehen, wenn wir kommen.«

Das Flugzeug schlingerte durch den Schlamm, und als ich einen

Blick auf die Armaturen warf, verspürte ich den Wunsch, abzuspringen. Ein so sparsam bestücktes Instrumentenbrett hatte ich noch nie gesehen. Zwischen mehreren runden Löchern und Kabelresten, an denen früher zweifellos einmal Navigationsinstrumente angeschlossen waren, sah man die Nadel des Höhenmessers und der Treibstoffanzeige pendeln. Der Kreiselhorizont, der parallel zur Erde stehen muß, stand fast vertikal.

»Hören Sie ..., der ›Horizont‹ funktioniert nicht«, bemerkte ich, meine Panik unterdrückend.

»Macht nichts. Der Himmel ist oben, und die Erde ist unten. Alles andere ist Quatsch«, stellte Palacios fest.

Wir starteten. Die Cessna hob sich an die hundertfünfzig Meter in die Luft und stabilisierte sich sanft. Wir flogen unter einem Dach dichter grauer Wolken. Die heiße Luft des nahenden Unwetters drang in die Kabine. Mit einer gewissen Erleichterung stellte ich fest, daß immerhin der Kompaß funktionierte; wir flogen Richtung Nordosten. Nach zwanzig Minuten sahen wir die Schlangenlinie eines Flusses.

»Sehen Sie, wie wunderschön: der Huapuno. Wir fliegen jetzt nach Amazonien hinein«, rief der Pilot.

»Ich dachte, das Gebiet von Amazonien beginnt erst viel weiter östlich«, antwortete ich.

»Politikergeschwätz. Amazonien beginnt da, wo die ersten Wassertropfen dem großen Fluß zufließen. Was haben Sie denn in Coca verloren, *man*?«

»Nichts. Ich besuche da ein paar Freunde.«

»Das ist in Ordnung. Seine Freunde soll man nie vergessen. Selbst wenn sie sich mitten in der Hölle aufhalten, soll man sie besuchen. Ich dachte schon, Sie wären ein Garimpeiro. Ich mag keine Garimpeiros.«

»Geht mir genauso.«

»Sie sind eine Seuche. Beim geringsten Verdacht auf glitzernde Scheiße kommen sie zu Tausenden. Manchmal hätte ich große Lust, eine Ladung Giftgas an Bord zu nehmen und sie damit auszuräuchern. Wie gefällt Ihnen der Flug?«

»Bis jetzt ganz gut. Keine Klagen.«

Der Flugplan von Kapitän Palacios war einfach: Unterhalb der

Wolkendecke folgte er dem Lauf des Huapuno, bis dieser sich mit dem Arajuno vereinte und einen größeren Wasserlauf bildete, der in Richtung Nordosten verlief. Unter uns lag der Urwald wie ein gewaltiges ruhendes Tier, das geduldig des Regengusses harrte, der nicht mehr lange auf sich warten lassen würde.

»Sie sind nicht von hier, *man*.«

»Nein. Ich bin Chilene.«

»Aha. Zweimal aha.«

»Was wollen Sie damit sagen?«

»Daß Sie hier sind, weil Sie entweder verrückt sind oder weil Sie in Ihrem Land nicht leben können. Beide Gründe sind mir sympathisch. Sehen Sie da unten, die Flamingos. Haben Sie je herrlichere Vögel gesehen?«

Er hatte in allem recht: Nur ein Verrückter konnte in ein Flugzeug wie dieses steigen, ich konnte tatsächlich nicht in meinem Land leben, und dort unten wartete in einer vom Hochwasser des Huapuno gebildeten Lagune ein riesiger Schwarm wunderschöner Flamingos auf den Regen.

Nach einer Stunde Flug erblickten wir am Westufer des Rio Napo eine Lichtung im Dschungel, auf der vier oder fünf Palmhütten standen. Das war Mondaña. Nachdem wir fünfzig Meter tiefer gegangen waren, überflogen wir den Ort in mehreren Kreisen.

»Kein Grund zur Besorgnis. Das machen wir, damit die Jungs Zeit haben, die Piste herzurichten.«

Unter uns liefen mehrere Leute zum Strand, räumten Äste und Steine beiseite und gaben uns, die Arme schwenkend, zu verstehen, daß wir landen konnten. Palacios bewies, daß er imstande war, auf einem Handtuch zu landen.

Nachdem wir die Frau mit ihren Schweinchen abgesetzt und von den Einwohnern ein paar Aufträge entgegengenommen hatten, starteten wir zum zweiten Mal. Palacios lenkte die Cessna bis ans Ende des Strandes, beschleunigte, und als die Räder schon fast das Wasser berührten, hoben wir ab. Wenige Minuten später folgten wir dem Lauf des Rio Napo.

»Immer noch nervös, *man*?« fragte Palacios ironisch.

»Weniger als am Anfang. Fliegen Sie schon lange? Ich frage, weil der Start am Strand große Klasse war.«

»Aber ich hab' mir vor Angst fast in die Hosen gemacht«, sagte der Mann mit dem Hahn von hinten.

»Lange? Zu lange. Ich weiß schon gar nicht mehr, wie lange«, antwortete Kapitän Palacios.

»Gehört die Maschine Ihnen?«

»Nun, ich will mal sagen, daß wir einander gehören. Ich wüßte ohne sie nicht, was ich anfangen sollte, und sie käme ohne mich nicht von der Stelle. Sehen Sie, der Napo, wunderschön. In diesem Gebiet überschwemmt er zweimal im Jahr große Teile des Dschungels, da kann man riesige Welse angeln.«

»Das stimmt. Vor kurzem habe ich gesehen, wie einer herausgezogen wurde, der hundertundvierzig Pfund wog«, sagte der Mann mit dem Hahn.

»Warum interessieren Sie sich für das Flugzeug? Verstehen Sie was davon?«

»Ein bißchen. Der Motor hat einen guten Klang.«

»Mit Sicherheit, *man*. Ich habe einen guten Mechaniker. Der Mulatte, den Sie in Shell gesehen haben, ist mein Kompagnon. Er sorgt dafür, daß alles tipptopp ist. Die Maschine gehörte einer Gruppe von Priestern, die in der Nähe von Macas notlanden mußten. Sie sind in den Baumkronen hängengeblieben und haben das Flugzeug einfach dagelassen. Wir haben es zum Schrottwert gekauft, und ein paar Monate später konnten wir wieder damit fliegen.«

Die Landebahn von San José de Payamino war eine weite, mit Macheten aus dem Busch gehauene Lichtung, die zugleich als Fußball-, Markt- und Dorfplatz diente. Dort ließen wir den Mann mit dem Hahn zurück, ich wünschte ihm Gück, wir tankten die Maschine auf und setzten unseren Flug fort, indem wir den Rio Payamino entlangflogen, bis seine Fluten sich mit denen des Rio Puno vereinten. Später überflogen wir, stets in Richtung Nordosten, Puerto San Francisco de Orellana, wo wir den Puno und den Coca in den großen Rio Napo münden sahen, der nach Südosten abbiegt. An die tausenddreihundert Kilometer fließen seine Wasser, bis sie sich in den stolzen Strom des Amazonas ergießen.

Auf der letzten Etappe des Fluges erzählte mir der Kapitän Palacios ein paar Dinge aus seinem Leben. Er hatte früher einmal als Pilot für die Texaco gearbeitet, gut bezahlt, bis er eines Tages feststellte, daß er die Gringos nicht ausstehen konnte und in Amazonien verliebt war.

»Amazonien ist wie eine Frau, *man*. Es geht dir unter die Haut. Es fordert nichts von einem, aber letzten Endes tut man alles, was man ihm schuldig zu sein glaubt.«

In San Sebastian de Coca setzten wir unsere Unterhaltung fort. Und nach einer durchzechten Nacht, in der wir uns bis an die Ohren mit Rum abfüllten, kamen wir zu dem Schluß, daß wir Freunde sein konnten. Und was für welche! Ihm verdanke ich es, daß ich die geheimsten und faszinierendsten Regionen Amazoniens aus der Luft kennenlernen konnte, Mysterien dieser grünen Welt, die er besser kannte als sich selbst. Und als ich mehrere Jahre nach unserem ersten Flug zurückkam, um einige Reportagen über die verbrecherische Zerstörung des grünen Universums zu drehen, war Kapitän Palacios zur Stelle, bereit, mich überall dorthin zu fliegen, wo es nötig war.

Zuletzt habe ich ihn in El Pantanal gesehen, im südlichen Mato Grosso, zwischen Brasilien und Paraguay. Wir verabschiedeten uns in Hochstimmung, voller Freude über eine Freundschaft, die mit Rum besiegelt wurde; voller Freude auch über das zufriedene Gefühl, eine gute Arbeit geleistet zu haben mit unserem Dokumentarfilm über die Ausrottung der *Jacarés*, dieser amazonischen Kaimane, deren Haut in europäischen Modeboutiquen zu Markte getragen wird. Das ganze an der Dokumentation beteiligte Team war sich darin einig, daß man ohne die Mithilfe von Kapitän Palacios eine unmögliche Mission zu erfüllen gehabt hätte.

»Wir sehen uns, *man*. Ich brauche Ihnen nicht zu sagen, daß Sie wiederkommen sollen. Ihnen ist Amazonien ebenso unter die Haut gegangen wie mir. Wenn es wieder einmal darum geht, den Schweinehunden, die es zerstören wollen, in die Suppe zu spucken, dann wissen Sie ja, wo Sie mich finden können.«

Und ich habe ihn gesucht. Bevor ich mich in die Cantina setzte und die Flasche Rum bestellte, die ich jetzt langsam leertrinke, habe ich bis zum Umfallen nach ihm gesucht. Ich habe ihn nicht gefunden. Auch seinen Kompagnon, den Mulatten, nicht. Jemand erzählte mir, sie seien eines Tages mit unbekanntem Ziel losgeflogen und nicht mehr zurückgekommen. Der Informant wußte nicht mehr genau, wann das gewesen ist. Leben und Vergessen folgen in diesem Teil der Welt allzu schnell aufeinander.

Was mag aus diesen beiden großartigen Abenteurern geworden sein? Aus dem Mann, dessen Vornamen ich nie erfahren habe? Aus dem Mann, der mich stets gesiezt hat, *man*? Aus meinem Freund, Kapitän Palacios?

Letzter Teil

Ankunftsnotiz

Jemand tippte mir auf die Schulter.

»Wachen Sie auf. Wir sind in Martos.«

Es kostete mich einiges, den Fahrer wiederzuerkennen und klarzukriegen, daß ich mich in einem Bus befand. Noch keine Stunde war es her, daß ich ihn in Jaén bestiegen hatte, und kaum war mein Kopf auf die Rückenlehne gesunken, hatte ich schon geschlafen wie ein Stein.

»Martos?«

»Ja, Mann. Martos.«

Als ich ausstieg, knallte mir die Mittagssonne wie ein heißes Backblech auf den Kopf. Kein Wölkchen am Himmel, nicht der leiseste Hauch eines Windes. Die Straßen strahlten im makellosen Weiß ihrer mit grünen Fensterläden geschmückten Häuser, und überall sah man Blumenkästen mit den Blumen, die ich am meisten liebe: schlichte, widerstandsfähige Geranien.

Kein Mensch war auf den Straßen, und ich wußte, das war normal um die Mittagszeit. Aus einem der Häuser drang der Klang eines Radios, und so schlenderte ich dann zwischen weißen Mauern ziellos dahin, bis ich an einen Brunnen kam. Aus einem schlanken Rohr rann ein dünner Wasserstrahl und traf die glatte Oberfläche ohne Groll. Ich formte mit den Händen eine Mulde und trank das kühle, stärkende Wasser, das nach Eisen schmeckte und von irgendwoher aus den Bergen kam, um den Dürstenden seine Botschaft der Linderung zu überbringen und danach weiterzufließen zu den Wurzeln der Olivenbäume, die in regelmäßigen Reihen auf den Hängen standen.

Beim Trinken erkannte ich in meinem sich spiegelnden Gesicht fremde, jedoch nicht ganz unbekannte Züge. Ich beugte mich näher zur Wasserfläche hinab, und langsam nahm mein Antlitz die Gesichtszüge meines Großvaters an.

»Ich bin angekommen, Opa. Ich bin in Martos.«

Der Alte sah mich mit blitzenden Äuglein an und ließ einen seiner Sätze vom Stapel, auf die es keine Antwort gibt:

»Kein Mensch braucht sich zu schämen, weil er glücklich ist.«

Da fühlte ich, daß die Müdigkeit der Reise mich zittern ließ und meinen Blick verschleierte. Ich steckte den Kopf ins Wasser und machte mich wieder auf den Weg.

Ich kam zu einem kleinen Platz mit einer Bar. Ich ging hinein. Die fünf oder sechs Gäste an der Theke musterten mich einige Sekunden lang und setzten dann ihre angeregte Unterhaltung fort.

»Was darf es sein?« fragte der Wirt.

»Ich weiß nicht. Was trinkt man zu dieser Tageszeit in Martos?«

»Einen Wein, ein Bier ... Die Geschmäcker sind verschieden?«

»Gib ihm einen Fino, Manolo«, meinte einer der Gäste.

Der Wirt schenkte ein, ich probierte. In diesem Fino war dieselbe Sonne, die draußen am Himmel schien. Ich leerte mein Glas mit offensichtlichem Genuß.

»Gut, eh?« sagte der Wirt.

»Sehr gut.«

Ich wollte mit diesen Männern sprechen, ihnen sagen, daß ich von weit her kam auf der Suche nach einer Spur, einem Schatten, einem winzigen Hinweis auf meine andalusischen Wurzeln, aber ich wollte ihnen auch lauschen, mich berauschen an diesem schweren, etwas düsteren Akzent, ohne den singenden Klang, mit dem die Andalusier der Küste sprechen.

Weitere Gäste traten ein; zwei Männer, in ein Gespräch vertieft. Sie bestellten zwei Gläser Rotwein. Der eine hob sein Glas wortlos in die Höhe, mit einer beredten Geste jedoch, die jede Ansprache überflüssig machte. Der andere war gesprächiger und antwortete mit einer kleinen Rede.

»Auf die Gesundheit.«

Sie tranken mit feierlichen Gesten. Nachdem sie die Gläser auf die Theke zurückgestellt hatten, wischte sich der, der gesprochen hatte, mit dem Handrücken über die Lippen. Die Welt war voller Frieden. Harmonischer konnte das Leben nicht sein, und sie nahmen ihre Unterhaltung wieder auf.

»Nun, wie gesagt, das mit den Tomaten kann ein gutes Geschäft werden. Wenn man weiß, wie man es anstellen muß, klar.«

»Und der Vollidiot immer mit seinem Rheuma. Ich und Rheuma. Da lachen ja die Hühner.«

»Die Holländer verdienen sich goldene Nasen mit ihren Tomaten. Aber jetzt sag du mir, wo kriegen die Holländer Sonne her?«

»Und ich soll Thermalbäder nehmen. Darauf scheiss' ich doch. Diese Ärzte verwechseln uns wohl mit Sommerfrischlern. Blödmänner!«

»Eine gute Tomate kann man nicht im Käfig ziehen. Hast du die Tomaten gesehen, die in Torredonjimeno wachsen? Sonne und Brunnenwasser, das ist es, was Tomaten brauchen.«

»Was ich sage: Ein gutes Wärmepflaster, dann tut kein Knochen und nichts mehr weh. Verdammt, so spät schon! Ich muß los.«

»Dann mal zu, Pepe. Das Essen wartet. Und grüß meine Verwandte. Vielleicht können wir in den nächsten Tagen mal wieder auf ein Schwätzchen zusammenkommen. Paß auf dich auf.«

»Mann, du weißt ja, wie das ist.«

»Das brauchst du mir nicht zu sagen, Pepe.«

Der, der angeblich kein Rheuma hatte, ging, und mir kam eine der Erinnerungen meines Großvaters in den Sinn.

»Gibt es in Martos eine Bar, die Cazadores heißt?«

»Nicht, daß ich wüßte«, antwortete der Wirt.

»Aber ja doch«, mischte sich der Tomatenzüchter ein.

»Wieso? Diese heißt Miguel, dann ist da noch eine Zum Kastell, die Peña ...«

»Manolo, überleg doch mal. Wie hieß diese Bar früher?«

»Sie hat mehrere Namen gehabt. Laß mich nachdenken ...«

»Bis 1950 hat sie Cazadores geheißen, verdammt. So vergeßt ihr hier allmählich alles.«

»Ich bin erst '52 geboren. Wie soll ich das wissen?«

»Ja, er hat recht. Diese Bar hieß früher Cazadores, und neben der Tür waren zwei Haken in der Wand. An den einen wurden die Rucksäcke gehängt, an den anderen die Flinten. Natürlich, ich erinnere mich genau«, sagte einer der Gäste. Das hieß, ich stand möglicherweise an demselben Ort, an dem schon mein Großvater sich den Fino hinter die Binde gegossen hatte.

Nachdem das mit dem Namen der Bar geklärt war, musterten mich die Männer mit unverhohlener Neugier, und ich berichtete ihnen, warum ich hier war. Ich erzählte ihnen von meinem Großvater und von meiner langen Reise nach Martos. Während ich sprach, gingen einige zum Telefon, um daheim anzurufen, daß sie nicht zum Essen kämen; andere schickten die Kinder, die hereinkamen, um sich ein Eis zu kaufen, mit demselben Auftrag los. Der Wirt, darauf bedacht, kein Wort zu verpassen, hatte Flaschen mit allem, was hier getrunken wurde, auf die Theke gestellt. Als ich meinen Bericht beendete, schauten sich die Männer an.

»Das ist ja eine irre Geschichte, Chilene. Eine irre Geschichte. Es gibt hier einen, der heißt so wie du. Er wohnt nicht weit von hier. Ein alter Mann, ich glaube, Angel heißt er«, erklärte der mit den Tomaten.

»Ja, stimmt. Er heißt Angel, und er wohnt da mit seiner Frau. Aber ich glaube, der ist nicht aus Martos. Ich glaube, der kommt aus Segovia«, meinte ein anderer.

»Mann. Don Angel wohnt hier, solange ich denken kann«, behauptete der mit den Tomaten.

»Weißt du, wann dein Großvater geboren wurde?«

»Ja, ich kenne das Geburtsdatum.«

»Dann müssen wir den Priester fragen. Der kennt sich in der Geschichte von Martos besser aus als jeder andere.«

»Klar, weil er sich überall reinhängt.«

»Das ist sein Beruf. Der Schuster schlägt seinen Leisten, und der Pfarrer tratscht mit den Alten.«

»Aber um diese Zeit ißt er zu Mittag und würde nicht mal Jesus Christus empfangen.«

»Wir können ja warten. Wie wär's, Manolo, wenn du ein paar Tapas hinstellst?«

Um vier Uhr nachmittags hatten wir beinah einen halben Schinken vertilgt und den gesamten Tortillavorrat niedergemacht. Andere Männer, die hinzukamen, wurden von denen, die die Geschichte bereits kannten, schnell in Kenntnis gesetzt.

Angeführt von dem Tomatenzüchter, waren wir im Begriff, den Pfarrer aufzusuchen, doch vorher verlangte ich die Rechnung.

»Ach was, Rechnung. Mit deiner Geschichte haben wir die Zeit besser herumgekriegt als vor dem Fernseher. Wartet, ich geh' mit zum Pfarrer«, sagte der Wirt.

Der Priester war mindestens siebzig und trug noch eine Soutane. Mit Anzeichen von Bestürzung kam er der Gruppe von Männern entgegen, die in den Frieden seiner Kirche einbrach.

»Was habt ihr hier verloren?«

»Ganz ruhig, Herr Pfarrer, wir führen nichts Böses im Schilde.«

»Ich frage, weil ich euch sonst nie in der Kirche sehe.«

Der mit den Tomaten, der bereits als Wortführer anerkannt war, legte dem Pfarrer meine Geschichte und die Gründe meines Besuchs dar. Daraufhin bat dieser uns in einen hohen Raum, dessen Wände mit Büchern in uralten Einbänden bedeckt waren. Er brauchte nicht lange, um den Eintrag von der Taufe meines Großvaters zu finden.

»Komm mal her«, rief mich der Priester.

Mehr als ein Jahrhundert hatte sich in diesem Buch verewigt. Dort stand der Name meines Großvaters und der meiner Urgroßeltern. Gerardo del Carmen, Sohn von Carlos Ismael und Virginia del Pilar. Dieses Dokument gab Zeugnis vom ersten öffentlichen Auftritt eines Menschen, auf den die Verse von César Vallejo vollkommen zutrafen: »... der winzig zur Welt kam und den Himmel anschaute, und bald heranwuchs, rot anlief und mit seinen Hormonen kämpfte, seinen Neins, seinen Abers, seinem Hunger, seinen Körperteilen«, und der im Laufe seines Lebens Gefängnis, Verfolgung und Exil kennenlernen sollte, weil er anarchistischen Ideen anhing.

»Die Leute haben recht. Geh zur Straße der Heiligen Jungfrau, zur Nummer zwölf. Dort wohnt Angel, der jüngste Bruder deines Großvaters; der einzige, der von den fünf Geschwistern noch lebt. Du mußt ihn anbrüllen, er ist nämlich taub wie eine Wand. Gott segne dich, daß du ihn gefunden hast. Es ist ein Wunder«, sagte der Priester und begleitete mich zur Tür.

Als ich ins Freie trat, hatte die Nachricht von dem Wunder schon die Runde gemacht, und ein paar alte Frauen bekreuzigten sich, als ich vorüberging. In Begleitung eines zahlreichen Gefolges ging ich die Straße der Heiligen Jungfrau hinauf, und vor der angegebenen Hausnummer blieb ich stehen.

Das Haus war weiß getüncht wie alle anderen Häuser und hatte ein großes grüngestrichenes Tor. Ich traute mich nicht, anzuklopfen, und von meinen Begleitern kam auch keine Hilfe. Alle standen schweigend um mich herum, und als ich in ihre wettergegerbten Gesichter schaute, schien es mir, als ob die Situation einer Tragödie sehr nahe käme, ohne daß ich mir erklären konnte, warum.

Erst Jahre später, als ich alles wußte, was ich über Martos wissen mußte, begriff ich, daß in dieser vom Fortschritt ausgeschlossenen, nicht aber armen Region Andalusiens die Männer früher oder später zur Küste hin abwanderten und nie zurückkehrten. Wenn einer es dennoch tat, dann, weil er versagt hatte.

»Was ist los, ihr Gaffer? Habt ihr nichts zu tun?« fragte der mit den Tomaten, und die Menge wich langsam zurück.

»Los, los, zurück an die Arbeit, hier verbrennen nur eure Holzköpfe in der Sonne«, bekräftigte ein anderer.

»Hinterher kommst du noch in die Bar, eh?« verabschiedete sich der Wirt.

Sie ließen mich allein am Tor zurück. Bevor ich anklopfte, fuhr ich mit der Hand über das rauhe Holz. Es war glühend heiß. Die dunkelgrüne Farbe, mit der es gestrichen war, zog die Hitze an und hielt sie fest. Ich ließ meine Hand auf dem Holz und wartete, daß diese Energie in meinen Körper flösse, damit ich den nötigen Mut zum Anklopfen fand. Das brauchte ich aber gar nicht zu tun, denn das Tor gab auf den Druck meiner Hand hin nach.

Ich stieß es auf, und da sah ich den alten Mann. Er saß sanft schlummernd auf einem Strandstuhl im Schatten eines Zitronenbaums. Das Tor führte direkt auf einen gefliesten Innenhof. Am hinteren Ende befand sich das Haus, weiß getüncht wie alles hier, und überall sah man Blumentöpfe mit Geranien. Neben dem Alten stand ein Tisch, darauf ein Glas mit Wasser, und neben dem Glas lagen ein paar Würfel Zucker. Auf den Fliesen suchte ich nach einer Erinnerung aus meiner Kindheit und fand sie in zwei oder drei zertretenen, in der Sonne getrockneten Fliegen.

Mein Großvater praktizierte den gleichen Zeitvertreib: Er steckte sich ein Stückchen Zucker in den Mund, befeuchtete es mit einem Schluck Wasser, und dann spie er das Zuckerwasser aus. Danach hob er ein wenig seinen Fuß über der süßen Falle und wartete auf die Fliegen. Wenn eine kam: Platsch!

»Ach, Gerardo! Wie kannst du nur so gemein sein?« schalt ihn die Großmutter.

»Der Menschheit zu Gefallen. Im Endstadium ihrer Evolution werden aus den Biestern Pfaffen oder Militärs«, entgegnete Großvater.

Ich ging vor dem alten Mann in die Hocke, darauf bedacht, seinen Frieden nicht zu stören. Sein Kopf war im Schlaf auf die Schulter gesunken. Ab und zu bewegten sich seine Lippen und seine Augenbrauen. Welche Gestalten mochten seinen Traum bevölkern? Vielleicht war sein Bruder Gerardo darunter, als junger Bursche, wie er Oliven sammelte, oder wie sie beide den Hügel hinuntergingen, nach Jaén, an einem Sonntag, zum Stierkampf, oder wie sie sich gemeinsam über die bodenlose Tiefe der Schlucht von Martos beugten, in die hinab früher die Verurteilten gestoßen wurden.

Das von tiefen Falten zerfurchte Gesicht mit dem spärlichen weißen Bartwuchs sah gesund aus. Der Körper war schmal, die Hände groß, und die groben Finger verrieten den Landarbeiter. Die Beine waren lang, wie die meines Großvaters. Gute Beine zum Wandern.

Plötzlich schlug er die Augen auf. Ich sah mein Spiegelbild in seinen klugen glitzernden grauen Pupillen. Er versuchte, mich in seinen Erinnerungen unterzubringen.

»Du bist Paquito, der Sohn der Milchfrau.«

»Nein, ich bin nicht Paquito.«

»Ich höre dich nicht, mein Sohn. Was sagst du?«

»Nein, Don Angel, ich bin nicht Paquito«, sagte ich mit lauter Stimme.

»Dann bist du Miguelito. Wurde auch Zeit, daß du kamst, Junge.«

»Don Angel, erinnern Sie sich an Ihren Bruder Gerardo?«

Da drang der Blick des alten Mannes durch meine Haut, fuhr an jedem Knochen in meinem Leib entlang, ging durch das Tor hinaus auf die Straße, die Hügel hinauf und hinab und verweilte: an jedem Baum, jedem Tropfen Olivenöl, jedem Schatten des Weins, jeder verwischten Spur, jeder Gesangsrunde, jedem in schicksalhafter Stunde getöteten Stier, jedem Sonnenuntergang, jedem Dreispitz, der sich frech vor dem Anwesen postierte, jeder Nachricht aus weiter Ferne, jedem Brief, der nie ankam, weil das Leben eben so ist, verdammt noch mal, jedem Schweigen, das sich hinzog, bis es die Absolutheit der Ferne zur Gewißheit werden ließ.

»Gerardo ... War das einer, den sie Schlange nannten?«

Unstet war er, mein Großvater. Gefürchtet und gesucht. Er wechselte seine Haut und seine Namen, um seine rebellische Liebe zu bewahren.

»Ja, Don Angel. So nannten sie ihn.«

»Mein Bruder ... War das einer, der nach Amerika gegangen ist?«

Ja. Einer, der nach Amerika ging. Einer von den vielen, die voller Hoffnung ihr Schiff bestiegen. Spanier, die sich auf den Weg machten, vier Jahrhunderte nach der bewaffneten Eroberung Amerikas, die dort den Frieden suchten, die willkommen geheißen wurden und das Holz fanden, mit dem sie ihre Häuser bauten, den Honig fleißiger Bienen, mit dem sie ihre Tische wachsten, trockene Weine, die ihren neuen Träumen Gestalt gaben, und ein Land, das ihnen sagte: Der Mensch gehört dahin, wo er sich am wohlsten fühlt.

Mein Großvater. Einer, der nach Amerika ging. Der über das Meer fuhr und auf der anderen Seite offene Ohren fand, die seiner Stimme lauschten: »Der Gesellschaftsvertrag ist eine Niederträchtigkeit, den die Feinde des Menschen sich ausgedacht haben. Die Natur lehrt uns, unsere Schwierigkeiten im brüderlichen Dialog zu bewältigen. Man kann nicht reglementieren, was die Natur bereits geregelt hat«, sagte mein Großvater, als ich noch ein Kind war und ihn zu den Veranstaltungen der Arbeiterwohlfahrt begleitete.

»Ja, Don Angel. Einer, der nach Amerika gegangen ist.«

»Bist du mein Bruder?«

Tief in meinem Innern drängte mich die Stimme meines Großvaters zu einer Antwort: »Sag ja und schließe ihn in deine Arme. Alle Menschen sind Brüder; und in der Hilflosigkeit des Alters tritt die letzte, zerbrechliche Wahrheit ans Licht.«

»Nein, Don Angel, Ihr Bruder Gerardo war mein Großvater.«

Die Miene des alten Mannes wurde ernst. Er setzte sich in seinem Stuhl zurecht, legte seine sehnigen Hände auf die Knie und musterte mich von Kopf bis Fuß, von Schulter zu Schulter. Würde er ein Papier sehen wollen? Oder wollte er, daß ich mir die Brust öffnete und ihm mein Herz zeigte?

»Maria!« rief er.

Eine ganz in Schwarz gekleidete Frau kam aus dem Haus. Sie trug ihr Silberhaar zu einem Knoten gebunden, und sie betrachtete mich mit zärtlichem Blick. Dann räusperte sich Don Angel und sprach das herrlichste Gedicht, mit dem das Leben mich je beschenkt hat. Da wußte ich, daß der Kreis sich geschlossen hatte, denn ich befand mich am Ausgangspunkt der Reise, die mein Großvater einst angetreten hatte. Don Angel sagte:

»Maria, bring Wein, ein Verwandter aus Amerika ist gekommen.«

Landkarte

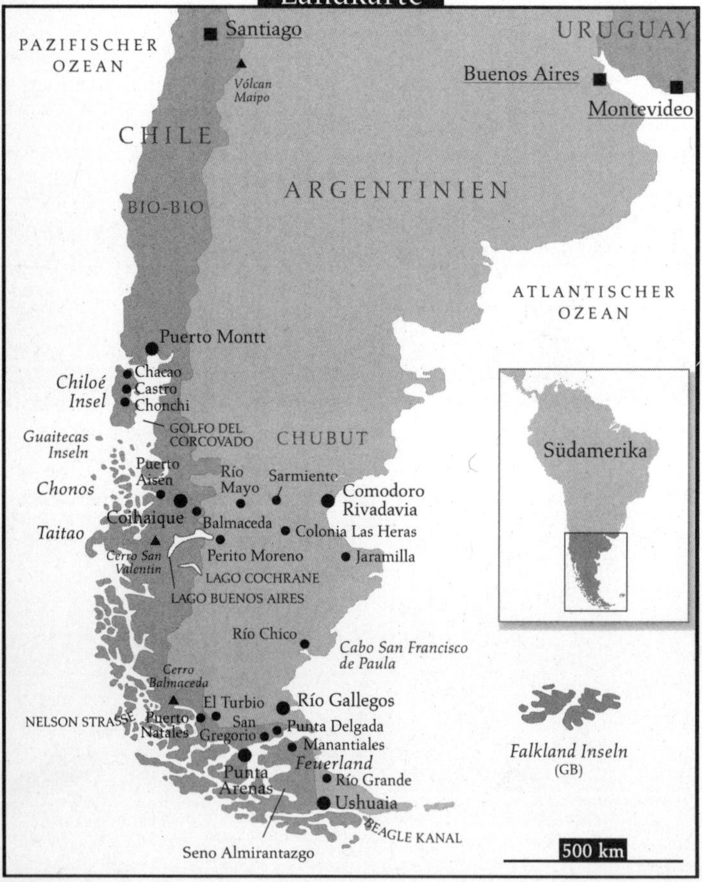
Santiago
URUGUAY
PAZIFISCHER OZEAN
Vólcan Maipo
Buenos Aires
Montevideo
CHILE
ARGENTINIEN
BIO-BIO
ATLANTISCHER OZEAN
Puerto Montt
Chacao
Castro
Chonchi
Chiloé Insel
GOLFO DEL CORCOVADO
CHUBUT
Südamerika
Guaitecas Inseln
Puerto Aisén
Río Mayo
Sarmiento
Chonos
Comodoro Rivadavia
Coihaique
Balmaceda
Taitao
Colonia Las Heras
Cerro San Valentin
Perito Moreno
Jaramilla
LAGO COCHRANE
LAGO BUENOS AIRES
Río Chico
Cabo San Francisco de Paula
Cerro Balmaceda
El Turbio
Río Gallegos
NELSON STRASSE
Puerto Natales
San Gregorio
Punta Delgada
Manantiales
Feuerland
Falkland Inseln (GB)
Punta Arenas
Río Grande
Ushuaia
BEAGLE KANAL
Seno Almirantazgo
500 km